张东荪文选

———— 〰 ————

张东荪　著

泰山出版社 ·济南·

图书在版编目（CIP）数据

张东荪文选 / 张东荪著. -- 济南：泰山出版社，
2025. 6. --（中国近现代思想文库）. -- ISBN 978-7
-5519-0924-2

Ⅰ. C52

中国国家版本馆CIP数据核字第2025CC5790号

ZHANGDONGSUN WENXUAN

张东荪文选

责任编辑　任春玉
装帧设计　路渊源

出版发行　泰山出版社
　　　社　　　址　济南市泺源大街2号　邮编　250014
　　　电　　　话　综 合 部（0531）82023579　82022566
　　　　　　　　　出版业务部（0531）82025510　82020455
　　　网　　　址　www.tscbs.com
　　　电子信箱　tscbs@sohu.com
印　　刷　山东通达印刷有限公司
成品尺寸　165 mm×240 mm　16开
印　　张　13.75
字　　数　240千字
版　　次　2025年6月第1版
印　　次　2025年6月第1次印刷
标准书号　ISBN 978-7-5519-0924-2
定　　价　39.00元

凡　例

一、本书收录了作者的经典文章或片段节选，主要展现了作者的学术造诣、思想追求和情感操守，以及当时的时代风貌等。

二、将所选文章改为简体横排，以符合现代阅读习惯。原文存在标点不明、段落不分、标题缺失等不便于阅读之处，编者酌情予以调整。

三、所选文章尽量依照原作，保持原作风格及其时代韵味，同时根据需要，对原文进行了适当的删减和订正。

四、对有些当时惯用的文字，如"的""地""得""作""做""哪""那""化钱""记帐"等，仍多遵照旧用。

目　录

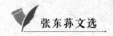

用人与守法

不佞曩主张法治，以为于法治之下，互异之势力相反之党派，可并包之，且可使其于法律范围以内为之竞争，以促国家之进步。今则默察国势政局，知欲行法治，先有前提。必今之执政者尽数淘汰，则法治始有可期。若以法治之说，加劝于今之执政者，则不啻以芥埋海，以薪止火，殆绝无丝毫之效力，可断言也。今请一论此前提。

前提维何？曰：今之执政者有不适于法治之心理二端。此二端乃自遗传而来，深宿于性根拔之不去也。二端者，一曰用人；二曰守法。读者闻之，必以为吾谓其使贪使诈破坏法纪，此老生常谈，吾初不必再渎诸公之听。吾之所谓实别有所指，幸注意焉。

今之执政者耗其全付之精神于用人，而绝不留一分余力以处理政务，其苦亦可谓极矣。所以然者，盖有不得已之原因焉。夫国家社会者，各相异之势力互反之分子相反相和以激而成之者也。此相异相反之势力与分子，各本其爱憎，二力相拒相引，以演成自然之势。苟有一分子一势力，借事势之潮流得并吞其他分子与势力而压倒之，则自然之势破矣。自然之势既破，则专恃人为之力以维持之。故于法治国之下设有一定之范围，于此范围之下，使各势力分子相拒相引，任其自然不加强迫各势力各分子，于是知力皆相等而不能相克也。乃演为调和之局，或轮替以进行，或并驾而齐驱。竞争之结果，不使一势力为之专制，而国家社会得莫大之利焉。于专制国之下，无一定之范围，于此无范围之场，其初也，各势力各分子相争，争之结果，强吞弱，弱并强，最后唯有一势力一分子屹然

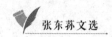

立焉。其他势力与分子皆伏于其下，莫敢为激烈之抗动也。顾以一势力压服多数之反对势力，其为力必至强，其用心必至苦，其维持亦必有至不易者矣。且加以多数之反对势力被一势力之压倒也，非若杀之，使自有而归于无。盖各势力虽为其压倒而仍存其形，或阳为之屈，表示服从，而阴怀异心；或雌伏而不动，乘机以兴。一势力既知决不能使其归于无，又复知其心不能无异，故必百计以敷衍周章之。用人者，即其敷衍周旋之一术也。

夫国家社会内势力分子之不齐，自然之势也。不可强之使齐，必听其自拒自引以自调和。然于专制国中，鲜有知此理者。我国行专制既数千年矣，是故一入政界，无不欲以一而驭天下，此数千年之根性使然也。当其始也，文化未开，社会上各势力之分合亦复未著，各分子之爱憎程度更不若后世之甚，故驭之者较易为力。迨后人文日进，势力日分，分子日杂，于是逆自然之势而以人力维持者，必日觉其难矣。觉其难而不知退，仍复以此术施之，则除终日耗其全付之精神，于此敷衍周旋之中，无毫厘之事业可言也。

虽然，社会之不齐不足虑也。盖有自然之调和以支配其间，有自然之分配以维持其状。今废此自然之调和与分配而以人力代之，则未有不穷者也。何以言之？夫人力有限者也，而外界之变化无限。以有限逐无限必穷。且人虑不能周密而绝无一失，有一失则全局紊矣。加之人与人之间，其心其力其道未必尽同也。即同焉，其消息之间亦未能尽通也。综而观之，此反自然之分配与调和者，其结果固必至于穷。而当其维持之时，钩心斗角，劳神劳力，亦必有不堪其苦者矣。

社会上露头角之人物，必为各势力之代表。易言以明之，即必有一势力于其人之背后是也。各人物本其固有之势力，由于正当之轨道，足以发展其能力，初不必借助于人。且其所行，自有相当之径，亦初不必受人指命，求人提携。苟有一人焉，抑之使各人物不得其相当之途径，或携之致得于非分，则自然分配之势乱矣。自然分配之势乱，则自然调和未由以现也。夫各人物循其身份上能力上正当之轨道，以自活动于同一之场，亲焉，拒焉，争焉，息焉，各依本来之天性。或交换而互益，或轮替以均惠，或相抗而并存，或分途而不害，此即所谓自然分配。由自然分配而产自然调和者是也。今则不然。本可以交换者，而强使之隔离；本可以轮替者，而强使之不敝；本可以相抗者，而强使之屈服；本可以分途者，而强使之统一。凡此不过举例而已。要之，凡反自然之势者，皆所谓人为分配与人为调和是也。

虽然，人为分配与人为调和非绝对可能也，必于特殊之时代可一用之。此特殊之时代，种种不一。其易见者，即为大乱之后耳。往往于战乱之后，社会上各势力各分子同受巨创而疲焉。若有一势力借武力以兴，则可压倒其他而握霸权。顾各势力各分子疲困之余久，久必舒，故于战乱之后，去战时愈远，则压制必愈重要。压制愈重要，则人为分配必愈须周密。人为分配愈须周密，则精力必愈耗。愈耗于是分配乃愈不周密。分配不周，则各势力一呼而兴，全局瓦解矣。吾曾以此理验之历代革旧鼎新之迹，未尝不太息其丝毫无爽也。

所以然者，一势力虽足压倒其他势力，而绝不能使其他势力皆归于灭亡。夫其他势力既存在，若不为之分配与安置，则必自行发展，以谋其正当之道。果尔，则必与此一势力有莫大之害焉。于是不得已以人为之位置，而代自然之发展。于专制之国，所有帝王无不采此政策也。

此以人为位置代自然发展之心理，实为专制国执政者之天性。此心理之发生有原因四：

一、欲保持一己之优势与强权。殊不知于文明国家各势力分子只能占有相当之势，与夫相当之权，而无有一绝对权势可以盖其余者也。

二、欲反对之势力与分子皆为己用。殊不知反对之势力虽受压

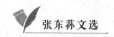

至若何程度，然绝不能完全同化也。

三、缺少国家之观念，一若国家可亡，势力不可失。行自然调和，则国家强；行人为调和，则国家必日弱而底于亡。此所以人为调和仅见于未开化之专制国，而于文明国家则早绝迹矣。

四、误解治者与被治者之关系，以为被治者必绝对遵治者之意思以行，且使其凡事必仰于治者，然后可操纵也。殊不知文明国家治者与被治者皆异途而同归，异事而同功，初不必为之操纵也。

由是观之，专制国者，人为分配之国也。唯人文未开之世，为宜于专制。易言之，即宜于人为分配。盖以一人之意思以处理万机，非人为分配而何耶。迨文化渐开，其分配必愈苦。其故由于彼以自专制遗传之性根，仍施之于文明之世，宜其扞格不通也。夫曾于专制之世，为政者必有此观念之性癖。今民国之当局，无一而非执政柄于专制之朝者，则其有此人为分配之心理深宿于脑蒂，必为无可疑矣。既有人为分配之性癖，则必置政治于不顾，而专耗其心力于用人。或提携之，或抑压之，或周旋之，或禁锢之。凡可达前二项之目的，必百计以行之。其为政之事业，止于此矣。夫政府者，所以福国利民者也。今国不得其福民，亦不得其利。反之破自然之调和，阻自然之进步，凡国家所行之行为，无一而有焉。故谓之无政府之国家，盖未尝不可也。近人尝谓专制国对内而不对外，此诚不谬然。对内果能利民，则尽耗其心力于对内，固亦无伤。所不幸者，既不暇以对外，而于对内又复破坏自然之分配，阻挠自然之进步。有国如此，未获不亡者也。

复次，请言守法。吾以为今之为政者，非惟不能守法，抑亦不知有法也。夫法于文明国家，为一超越各势力各分子而独存之物。且此物即为各势力各分子所共守之范围，所共遵之规则。未有一势力可挟之以为己之护符，亦未有一势力可毁之，使其失效。于专制之国，则无如是之现象，故有法律实无异于无法律也。何以言之？专制国中一势力既压倒其余，则决不能再有一物以临其上。易言以明之，一势力之所以磅礴而无抵抗者，正以其无范围足以拘束之，无规则足以遵从之。且于已存之范围与规则，择其有利于我者，存之扩充之。其有害于我者，毁之变更之。卒至使所谓范围与规则者，不过单独意思而已。单独意思不足为法，故曰专制国虽有法律之名词，实无法律其物也。更有进者，单独意思时时而变者也。今日之意思，未必与昨日之意思同。明日之意思，未必受今日意思之拘束。则单独意思者，无受拘束力之谓也。且夫自我创之，则可自我毁之，故既无前后拘束之现象，是与法之性质尤不相侔。谓专制无法律，谁曰不宜？

更有一事，足为此事之证明者，即造法之观念是也。于文明国家，其造法必为各势力各分子自然谓和之结果，即各相约而纳于一定之范围，依于一定之规则。此范围与规则，乃由协约互让共誓以成之。专制国则否。由于单独意思，任意创造之。而以为不利焉，则任意毁弃之。是故文明国家造法一成而不易变。即变焉，亦必须若干岁月，其为期盖有一定之限度也。专制国不然，其无日不在造法之中。今日造之，明日覆之。一年三百六十五日，此三百六十五日乃无一日而不造法也。

当其始也，不欲居法之名以造法，而以命令行之。命名之实质，等于造法也。视法则畏之如小儿之畏虎。故亡清对于宪法深恶而痛绝之，必设五年之期以为搪塞之地步。民国政府对于宪法，亦未尝不深恶而痛绝之。盖宪法若成，有物以临其上矣。且不宁惟是，其行为受拘束，反对之势力得缘而起也。其结果有至不利者，此亦常人可推而知之，不必赘也。

及其继也，知造法以命令行之者，未尝不可以法律名义行之。至此，其方术又进一步矣。于是公然有以造法名义而行其造法之事。虽然，其所造之法仍非法也，不过造一单独意思而已。吾前不云乎？专制国无法律，无论其造法以命令行之，抑以法律行之，要而言之，其实质不过单独意思之表示耳。犹诸猴也，或被中服，或

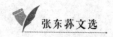

着西衣，外形虽不同，而其为畜类，固未尝稍变也。

　　吾人论至此，请为之结。曰：彼之耗其心力于用人与不知有法，乃同一根源而生，同一心理而出。苟有法以临其上而拘束之，则其优势与强权必不能保持永久也。若不为人为之分配，而听社会之自然发展，各势力争长相雄，其优势与强权之不能保持永久，以与前正同也。故欲维持优势与强权，则虽有法，必故认为无法，而始得以自由操纵之。虽知人为分配之逆于自然，其事必苦，顾非此不足以求暂时之安逸，故毅然行之。吾以为人类之苦至此而极矣，世竟有求人间之至苦者，其心理必有非常人所能测者也。

泣血之言

东京有《民国》杂志者，发行已有二期，未识执笔者为何许人。吾读之，吾良心怦怦然动，吾泪如泉流，吾感情如潮涌，吾遂不得不以泣血之言，一贡诸《民国》杂志诸公之前。

夫今日之中国，新旧势力竞争之中国也，新旧党派竞争之中国也。新势力新党派胜，则中国可由兴而强；旧势力旧党派胜，则中国由苟安而底于亡，此或诸公所熟知者也。顾新势力新党派众矣，有所谓急进者，有所谓缓进者；有以法治为号召者，有以武力相从事者；有暴躁而贪功者，有慎重以将事者。其手段不同，其目的亦未尽同，于是利害乃互相冲突矣。夫利害绝对相反，感情极端不合，加以手段各异，借径互殊，虽最后之目的终归一途，而现在之团结，则必不可成也。且非惟不团结焉，乃并互相反抗之分裂之，其结果卒至不攻旧势力旧党派而先同室操戈，兄弟阋墙专以互相自轧也。

旧党派旧势力亦众矣。或意在媚外，或意在利己，或以旧道德为治，其心尚可恕，或貌新而实旧，绝无骨格种种，不一非能详述，亦不必详述也。以种类之不同则感情隔阂，而团结亦复不易焉。

当新势力新党派之发生也，乃远在戊戌以前，至辛亥而极盛，故辛亥革命谓之为新势力之得志，盖未尝不可也。虽然，辛亥以前新旧之竞争日以烈，势不得不团结，故内部之阋墙即偶然有之，而亦不甚洎。夫革命告成，新势力一旦得志，语云"满招损，盈受祸"，以此之故，内部之暗斗乃突起千丈矣。此内讧之结果。至民国二年之秋，新势力乃根本失败，旧势力遂重整旗鼓而当场也。推

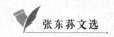

新势力失败之原因，厥在内讧。而此内讧之罪，由各部分分担之，决不能归罪于一部分。更以具象之言表之，即急进者与缓进者、暴烈者与温和者，各有其相当之罪，初不得谓此失败之祸产于急进者或缓进者之一派别也。

当未革命以前，旧势力为新势力所迫，团结亦复严密。至革命初成，旧势力失败之余，亦分而为无数之小派别，互相倾轧，绝不一致，正犹新势力也。

是故于革命之前，新旧势力各有团结，隐然互相为敌。迨革命成立，新旧势力各自散漫，且分而为无数之小团体小派别，此小团体小派别互相攻击，几忘其新旧对峙之状态。攻击之结果，旧势力由散而复凝，新势力乃由散而更散。二者相较，旧势力之胜新势力之败，盖定理上所不可逃避者也。

诸公必深知明代灭亡之历史者也，偏安一局而大兴党祸。当时马阮诸人，未尝不以为杀尽东林党人则国事可由其自由主张，殊不知既已杀尽矣，既已自由主张矣，而国事初无补。此足见内讧之无济于事，而反足以速亡也。往往于同中而异，必生恶感，此实野蛮人之根性。义和团杀洋人则未必若杀教民之甚，何者？以教民同中而异者也。古代行军必先杀本国之叛者，而后与敌国交战，何者？以叛者同中而异者也。夫好同恶异己，为野蛮之根性。近者秋桐君曾著论言之甚详，不可不一读也。而对于同中之异者，仇之愈甚，则更属野蛮之尤。吾以为新势力之内讧，其心理皆如此也，然亦可以自返矣。

夫先事内讧，先仇同中之异者，果于事有济乎？果能战胜外力乎？吾以历史验之。凡有内讧而先从事于征伐同中之异者，其结果必败。此历史与吾人之大教训也，不可不铭记于心。故当国民党与非国民党酣战之秋，吾尝慭焉忧之，以为新势力之失败不远矣。新势力之失败固无异于中国之亡也。

此内讧之起源，吾尝研究之约有数种：一、陇断；二、透过；

三、伐异。

吾尝谓治一大国家，绝异于治一家一族。不贵有陇断之人才，陇断之政策，而贵有部分的责任。但得人人各有相当之径涂，以发展其所持之政策，则他日异途同归，国家终有益焉。若陇断不成，则诿过于人，是除终日争执之外，毫无实利。诸公谓持征伐暴民之说者，酿成今日之局，而持此说者，未尝不可诿过于二次革命诸人。夫南京举事，由程德全之委任。程德全由袁世凯之委任，然则谓国民与政府宣战可乎？即此一端，亦可例其余。况政府所借口者，暴民征伐之说多乎，抑破坏国家涂炭生民之说多乎？若无二次革命，则民党之势力虽非如辛亥之盛，然亦不致如今日竟等于零。取消国会也，取消自治也，取消司法也，皆二次革命有以激成之也。此种根据事实之谈，诸公亦只可听之。虽然，吾绝不欲作此言也。吾以为无论新势力中之何派别何团体，皆宜自忏，不得诿过于人。盖各有相当之罪耳。

以上消极之言也。吾请以积极之主张附于篇末。曰：今日中国未尝尽绝望也。第一以人物证之，往日社会所崇拜之人物，咸自杀以去，正社会要求新人物之机会来矣。此新人物必无陇断与伐异之性质，各依其相当之轨道，以行异涂同归，国家最后得有救济也。故吾以为凡属于新派，当自新自振自忏，别谋所以报答社会之道，救济国家之策。若仍出其昔日之意气，则亡国之罪不当归之旧派，实新派有司之也。

自 忏

余何人所学无似，自共和成立以来，忝列舆论界，追随当世诸公之后，虽不敢自谓先觉后觉，然每于现代问题，辄不敢自欺。以平素所信者，献之于社会，以冀政治趋于正轨，国家得以救亡。盖本于愚者一得之义，未尝敢自是其说也。此二年之间，以言论与同胞相见，清夜扪心，所信者初未尝有误。第验之现今状态，证以吾前此之说，心实凛然，若不可终日。虽使吾说未产影响，然吾人当以良心判断言论之自身，初无涉于其效力也。

夫刑法上之教唆，犯教唆之实行与否，为法律上之条件，绝不涉于道德。以道德言，被教唆者，已否实行，均可不问，而教唆者早踏道德之禁律矣。吾今举例，亦复不伦，盖有教唆为善，而竟误会其意，而实行恶事者，以教唆者之良心衡之，初非不可告人。被教唆者，久存恶念，乃利用其说，以得实行。以教唆者言，固可告无罪于天下，惟结果已生，补救无方，不得不用以自忏耳。吾今举例，又复不伦。盖有甲蓄善念而发言，乙存恶心以行事，竟值同时，初未尝有教唆之关系也。要之，无论言者为不择时，为被人利用，而不知其良心固无他，其不捡则不可免也。据今日以观，国中不捡者，当百分之九十九，非惟素以稳健自命者。为不捡之尤，而以暴烈用事者，更为不捡中之甚者。何以言之？甲之不捡，所以助之。乙之不捡，所以激之，助之。激之，其用一也，其效亦一也。二者合之，其力乃更速且大耳。余深不幸，竟居为不捡者之一人，瞻前顾后，良用忏悔。昔者奥古斯定著有《忏悔录》，吾读而感之，良心促吾自白，欲其无言，又何能者。

虽然，追悔者个人之事也，固不必以告人。吾今以此呶呶于爱读诸公之前，得毋不类于言论耶？吾以为不然。今之中国能知悔者有几人乎？无有也。喜破坏者，方欲从事于三次革命；爱压制者，必欲灭尽数年所培养之新萌芽而后快。彼破坏国会刍狗人物者，方得银行矿政以自豪。彼为傀儡者，更乐为傀儡而不辞。彼学法律者，亦天开异想以自荐。凡此诸人，未尝不知国家危亡已在旦夕，顾卒不能一反其所行者，不知悔也。然则悔之用大矣，悔之道尚矣。夫悔者，良心之发现也。无悔则无良心，无良心则无道德。无道德而能立国，恒古今遍大地，未之见也。美利坚之能脱英独立也，非以其政治之发达，实以其道德之高尚也。日本之变法自强也，非以其政术之改良，实以其心志之坚结也。英吉利者，非世称为强国乎？而英人之道德，亦为世界之冠。然则道德与政治国家之关系，可推而知之矣。吾国人日日以改良政治、发展国力为提倡，而对于道德绝不注意。即间有一二老生常谈之论，亦意在诚人而非戒己。若以为己之道德已高出于群也，殊不知不能束服自己，安能范围他人？此恶根性，自宋以来，深宿于国民之脑蒂。宋儒论道德之书，奚止万卷，而皆在责人，非用以律己。夫严于责人，宽于镜己，则虽立言如山积，而社会初不受一分之益。何者？人不之信也。

吾尝于前清之末季，遍观当世之士大夫，鲜有一人而有自律之精神者。新学之士，其放弛更甚。革命诸公，亦不自修养，乃较甚于常人。故其失败，实早于其未成功之先，已种有萌芽矣。且夫疏于自律者，必言行不一致，为一切恶德之根源也。故阳明以知行合一为教，盖深有慨于当世之人心。日本自命为奉阳明教之国，吾尝细察其国民性，知其有今日，固未尝无因也。总之，验其人之道德，不可就其责人之言论，而评其当否，而应于其自律之行为为之注目焉。虽然，人之行为，不能尽是也，虽圣亦不能无过。有过矣，惟悔足以弭之。故人不患有过，而患无悔。悔者，自新之道也。自常新则旧过不立。故谚语有云：君子之过，如日月之蚀也，

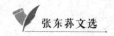

倏间而过。此无他，自新所以使之也。一人知悔，则一人常自新；全国知悔，则全国常自新；一家知悔，则一家常自新；一党知悔，则一党常自新。一人自新焉，一家自新焉，一党自新焉，则全国自新矣。全国自新，而谓国家不能起死回生，转弱为强者，吾不信也。更详言之，彼破坏者知悔，则知徒恃武力，不足以救国；彼压制者知悔，则知徒思复旧，不足以言治；彼傀儡登场者知悔，则可别觅所以贡献社会之道；彼破坏国会刍狗人物者知悔，则当净虑涤心，以赎前愆；彼颂扬功德者知悔，则当切按事实，别思建言；彼以政治为利薮者知悔，则可别谋生计，从事简朴；彼学法而以奇说自荐者知悔，则知是非终有究竟，绝不能以鱼目混珠也。如此，则中国前途必有希望。然则悔之为用，不亦大哉！吾故欲以忏悔为提倡也。

且悔者，与耻相伴者也。人之异于禽兽者几希，此几希者即为廉耻。今中国全国之人不知悔，盖皆无耻之徒耳。夫人格相续而不断者也，非惟一生所为之善，必相贯而成一系，且所为之过失，亦必入此系中，不可以为凡过失皆可排除于人格之外。故从前种种，譬如昨日死，此后种种，譬如今日生，此无耻之言也。今之为言论者，有所谓"出门不认货"，亦无耻现象之一也。何以言之？凡人对于前此之行为，无论有无过失，若以为非我所为，或譬如已死，则无所用其悔矣。悔者，确认我前此之行为为过失，而欲力改之之一种心理也。今中国之人，未尝无一刻之自明而知其所为为过失者，然皆视如非其所行，或如已死，此无耻所以使然也。是故惟知耻始有悔，有悔而始知耻。今者全国之人，不知廉耻为何物，吾又何能望其有悔耶！

吾前既言矣，一人知悔则一人自新，一家知悔则一家自新，一党知悔则一党自新，一国知悔则一国自新。今中国所以不能自新以救危亡者，全国上下不知悔耳。吾今愿以忏悔为诸公劝，则吾不得不先自忏悔。

吾之所悔者非他，即吾二年来发为言论，以商榷于国人者是也。虽自信良心，初无所蔽，而目睹现今之状态，吾终不能无一语以自赎其罪。当革命之告成也，当世诸公皆觉中央政府之薄弱，力倡强有力政府之说，余和之。今者强有力之政府成矣，果何如乎？且当世诸公，惧各省独立之有碍外交也，力主单一国家之说，而辟联邦之主张，余亦和之。今单一国家成矣，又何如乎？又当世诸公有主张废约法上之同意权者，余亦和之。今同意权早不存在矣，政象果为善良乎？吾不敢言也。

其次，则余曾主张减少国会议员之名额，彼竟欲以此打消国会。国会既灭，复以此施于彼所谓造法机关者，虽彼之所为，初与吾说无一分之相同，然吾终不能释然于心也。又其次，则余主张国民会议，以制定宪法，今新约法竟有参政院起草国民会议议会之规定，虽与吾前者之说，绝不相合，然吾亦终不能自恕吾之不捡也。

吾前不云乎，全国之人不捡者已居百分之九十九？吾今自忏，非故示区别于众也，实欲吾同胞深知已往之不捡者，而慎之于将来耳。吾尝闻日人之谈我国事者，莫不曰中国人有轻率之病，蒙于客气，而不能善其事以持久远也。自今追溯，余于此数年之间，虽步诸公之后尘，而仍不免轻率之讥。夫以身许国者，而以轻率出之，是其所献于国家，当可想象而知。此所以吾良用自悔者也。

要之，吾之表示吾悔于同胞诸公之前者，实求诸公之一悔耳。吾以为今日之中国，一人忏悔，则国家受一分之益。一人不悔，则国家增一分之害。故不患人之有过，党之不捡，而患人之不知悔，与夫党之不知悔也。诸公以国家种族为前提，曷回顾前此之所行，而痛悔之，然后始有自新之途也。兹暂依耶教之例，呼曰阿猛！以为斯篇之尾声。

中国之将来与近世文明国立国之原则

一

政象由活泼而趋趣于停滞，社会由勃发而至于静止，人心由腹诽而变于苟安，此民国三年所以见赐于其新诞生之四年者也。于此现象之中，尚何可言？近又颁布总统选举法矣，于法律界又增一异彩，诚令吾辈学法者，目迷五色，不知何所；心有所恫，口莫能宣；即欲有言，亦不知从何说起。吾不得已乃择一迂远之论题，初观之若无时代之切要，细按之乃于立国有密切之关系。

盖尝闻之"知识者权力也"（Knowledge is power，此英谚也）、"所能即为是"（Might is right，此亦英谚）。则所谓政象之停止，社会之苟安，乃非大力者以压之使然，而人民知识幼稚，因而能力薄弱，致不得不出此耳。又尝论之卢梭等百科辞典，学者以区区著书之力，致不仅本国政治蒙其影响，且乃撼动全球，使人类幸福皆出其赐。其事顾非至可惊耶！那破仑以三千毛瑟不敌笔之一枝为言此事，乃为时人作口头禅，遂致令人厌闻之，更则知识作用之伟，固有使人惊讶不置者。

证之历史，近世文明何由以兴乎？无不曰以文艺复兴之故。文艺复兴者，一二学者好古笃学，取希腊罗马之残篇遗著，为之疏释，遂想见希腊罗马之文明。故当时之著作，莫不以拉丁文行之。而世风所播，人又竞学拉丁，于是因言语而窥其文化思想，乃为奋发。故白芝浩曰："近世之文明，即希腊罗马之文明也。"然则以区区一二学者之力，竟唤起今日之文化，其作用之伟，不亦重可畏耶！

更证以今日之战争，乃出于一二学者之提倡。其提倡之主义，曰民族帝国主义（national imperialism）。林须之言曰："民族帝国主义者基于民族之国家，而非不顾他种民族之存在，乃欲增加国力，用以吸收未开化之地域及劣等民族。然非以政治上之管辖，加于已发展之民族也。"（Reinseb, *World Polities*, p.14）此民族帝国主义，其初意固在吸收未开化之土地与人民，特以各国均欲于同一土地同一人民各得而吸收之，势必用争。故此次战争，以巴尔干为导火线。盖巴尔干者，列强之帝国主义之目的也。今日稍有世界知识者，无不知世界问题有二：一为巴尔干问题，一为中国问题。巴尔干问题，或即以此战而解决，此后遂为中国问题矣！中国问题亦必引起战争，吾敢断言也。是区区学说之力，乃致有今日之局，吾中国亦竟以此而蒙不幸，则知识作用之大，宁可以言语形容乎？

反顾我国之内情，廿稔以还，语及共和，罔不骇极而走，今则于政府之措置鲜有满意者。故秦始皇欲为子孙万世之业，必先焚书坑儒以愚黔首。王莽篡位，必以周礼复古之义相号召，以求一时学者之不为攻讦。由是观之，专制之君无不视知识为展物，而文明之邦亦莫不视知识为左券。则知识增一分，能力亦大一分，则国家必强一分也。欲国之兴也，不可不先谋所以增进其民智。我国之不振，撩于人民知识之幼稚，已成铁案。虽云政府之措置，人民未能满意，然能语此措置不当之理由者，有几人乎？吾言至此，吾心痛矣！

吾尝读历史，有革政而兴者，有革政而亡者；有革而再革，方堕于革之中，莫能自拔者。呜呼，国于大地，必有以立；立者何恃？国民之知识能力而已。吾为增进民智计，故欲一述近世文明国家所以立国之原理，且以为于目前暂置勿论，苟他日中国依此原理而入乎正轨，则中国必兴。若长此以往，则亡无日矣！

二

吾今欲以近世文明国家立国之原理施之于中国，必中国确有存

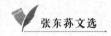

立不亡之资格而始可。中国之存亡问题，久为有识者所注目，当代文士亦尝列为论题。不佞追随其末，亦曾抱乐观主义，今则意见微有不同，非敢自堕于悲观，用告同胞以减国人之希望；亦非对于现代之黑暗，因而诋毁五千年文明之人种。实据事实而观察之，终不能于乐观之中不含有多少之悲观。特非用独断之方法（dogma，i. e. method）以明其如此，乃设有大小两前提（promises），由两前提之结合而生结论（Conclusion），并于第二前提（即小前提）设有正负二种，正则生正之结论，负则生负之结论。特吾之注重不在小前提，而在大前提，吾请于此一言大前提焉。

于叙述本旨之前，须更有一言以申明之，而免读者之误会。盖今之人一闻悲观之语，必以为对于现代之外患内忧而发。吾今所论，乃不在此。夫欧战足以亡中国，有识之士早已道之矣。特其所持之理，在微而不在显，故表面之亡国尚不在今日。世人多以此而遽生苟安之想，以为亡国之期尚远，今之发为危言，皆属神经过敏。实则不然。吾以为亡国之权惟本国人操之，外人不足以亡我国也。谓余不信，请以历史证之。最近之亡国者，是为朝鲜。朝鲜无一进会诸无耻之徒，日人亦不敢公然倡合并之议。虽其由来久矣，推其着着失败，次次堕沦，皆本国人为厉之阶。若印度，若安南，或以兄弟阋墙而外人侵入，或以全国昏庸，致乏抵卫，皆深慕乎欧人之文化，遂使举国为墟。反之若波斯，若土耳其，皆数千年之古国，亡而复兴，卒能保其立国之基。若波兰瓜分已久，尚蠢然思动；若犹太，则永无建国之想。是历史所示吾人者，无论其国之外患若何深重，苟其国民有立国之资格，无不勃然而兴，特有亡而复兴者，有未即亡而兴者，其期同之长短，时会之早迟，不能一律也。故吾对于中国之国运问题，以为外患不足畏，特当一检吾国民之性格耳。吾友蓝君公武，素恃"中国不亡说"而抱乐观主义，其为论固有独到之处，顾与予之所信则不尽相似。梁任公亦有"中国魂"之主张，惟依予所见，"中国魂"之说，诚不为无所依据，特不过追思数千年前中国民族所以致兴之道而已，与现今之中国状态与夫国民性质，绝不相同。盖中国之状态与国民性质，已异于数千年前也久矣。若何而可使其归真返璞，以达于往昔之优良状态，固为吾人所当研究之问题。惟吾以为今日之变性，尤为问题中之最切要者，故予非否认"中国魂"之根据，乃窃以为今日之中国，已早非往古之中国，徒执往日之状态以为褒奖之口实，必无济于实际也。

今日之变性，何由以成乎？证以生物学之原则，无不知为心身之遗传变化与淘汰也。盖所谓性者，必兼心身二方面。今之持物理论者，谓中国人仅有二种：曰神经质，曰粘汁质。前者多变而无成，易感而即消；后者麻木而不仁，固执而不化。其持论之无当，颇为易靓。持道德论者，谓物质文明之自西徂东而入也，遂使吾固有之精神生活为之扫地。国民之不振，胥以此焉，其言亦复偏激。虽然，吾非谓吾民之小振，绝无关乎生理。往者尝与奚君伯绶论之：譬使全体之中国人，与彼欧人一一相对以试膂力，吾将见江南半壁全为懦弱之夫，嘘气即倒。夫生理之不发展者，又安有坚苦忍耐之魄力？且吾非谓吾民之不振，绝不源于道德。自西俗东渐，固有之善德乃淘汰无存，欧人之善德又未与之俱来，于是于此青黄不接之际，乃使吾民之心无所依托，惟有群趋而下，若奔堤之水也。然吾之所见，实在二说之外，请一言之。

夫一民族之兴亡，往往不在其现处之境，而在其涵有之德。吾民族之涵德为如何乎？证之已往，有仁义廉耻之说，是为中国魂。验之近令，则杳焉无或存矣。且夫涵德之量若何，即为人格醇厚与否之标准。吾尝遍观今日之社会，见其人格之薄脆，乃无比伦，曾不意数千年教化之古国，乃一变而至此也。间尝论之人格者，人类所恃以生，民族所恃以立也。自欧风传入，固有之教化失其威权。当此之时，若能警惕，即未尝不可补救于万一。顾则不然，二十年以来，上自政府下自社会，惟以扬恶为事，专以制造薄脆之人格。于是有积极之模仿与淘汰，而无消极之遏制，遂致举国而赴于此极。造至

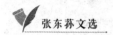

今日，谓为薄脆人格之全盛时代，实无不可。举凡不可为训之人，尽占优势于政治，操胜算于社会。于现状之中谓能图存，其谁信乎？

三

夫屋之支撑也，恃栋梁之木质；国之支柱也，恃国民之人格。木质而坚，则屋不易塌；人格而厚，则国必不亡。此一定之理也。尝与友人闲谈，今之政府固为吾人所不满意，然设使吾人而组织政府，国之大必非二三人所能治理也，能与吾人共事者有几人乎？此问一发，忧心如捣。往者非同盟党中，未尝无热心爱国者，而卒以热心爱国之故，为其同人所欺。同盟会又未尝无热心爱国之士，亦卒热心爱国之故，竟为其同党所误。盖国者，群意所成，决非一二人所可左右之也。往往国家垂危，二三有识之士痛哭流涕，以发警告，国民乃无所闻。虽有杰出之才，卒不能转危为安。历史上之例，何可枚举。读史至此，令人唏嘘无已时矣。自此点而论，中国之前途，诚不能无悲观，特真之悲观，仅在人格之不实；若处境之危，犹属其次，不过一时之现象而已。虽然，吾非谓人格之低下必无救也。救济之道，在先使政治与社会分其作用，则政治之摧残人物、社会之淘汰优秀，不致同时而行。然后徐徐以淘养人格，俾人格之充实者，虽不为多数，然非寥若晨星，则中国始有希望矣。盖人格之淘养，其权不在政治而在社会。故近世文明国家，其立国之道，端在尽其所能（即英语as possible as），不必干涉者决不干涉之也。摩尔（Mohl）谓古代之自由权与近代异，古代惟争参与政治之自由，近代乃谋国家不加干涉之自由，最为透宗之谈。盖国家为社会之权制作用，断无社会不发达而其权制作用独能尽善尽美者。往者于清末之际，有人曾揭一问题曰：以社会之力发展国家乎，抑以国家之力发展社会乎？夫国家之生，乃专为民之福利计。以国家发展社会，理之至当也。顾事实有不然者，非人民之能力充足，不能产良政府。故此问题，可以民国三年之经验以解决之如下：

必政治与社会分离，使政治之干涉范围愈小，则社会之活动范围愈大，于是社会以自由竞争而得自然发展也。

此区区数语，亦即吾此篇之宗旨也。何以言之？在古代，一切道德、教化、经济之权，皆操之于国家之手。近世国家乃不然，且知道德、教化、经济等事务，非国权所能启发，必社会上个人能力自然为之开展始可矣。此事以殖民地证之，最为易见。世界之殖民地，以英为多。英之得殖民地者，非纯出于政府之力，且其于既得之后，复使殖民地得以完全自治。故其殖民地帖然服从，而不思叛反之。若日本者，常以东方之英吉利之自命者也，其政府惟怀侵略主义，顾其民所至之地，若南满，若青岛，据调查国云，除卖淫妇之外，几无商业之可言。由是观之，政府之干涉，于实质上实不能增加确实之民力，不过表面上之形式而已。中国之政府，不分前清与民国，素以干涉为主义，特干涉之道不同耳。彼国乃预想国民之发展，而为之干涉；中国则凡足以自由发展者，则必干涉，以防止之。故彼为无意识之扩充，我为无意识之遏制。中国社会上一切生机，均为我政府遏制尽矣。呜呼，能不悲哉！

然吾非谓政府之干涉，皆不当也。第一，须知干涉为助长，而非开发；第二，须知国际与国内不同。对于国际，则政府之干涉为有用；对于国内，政府之干涉愈少，社会之发达愈速。且此理并非自普遍言之，乃特对于现时而发。吾于现今政治一无希望，不得已，惟有求其减少干涉，撤去压制，俾人民休养生息，以自由竞争之故而各趋于向上之途。吾前谓人格之不实，亦于此自由竞争之中改良之、淘养之。吾为此言，自信非凭于思想，乃确见近世文明国之立国之道，无不由于此也。

夫近世文明国所以振兴之故，在减少干涉之范围，而听人民之自由竞争，以得自然发展，既如上论矣。惟文明国所恃者，尚不仅此。必使国家为公有，不能有一势力而独占据之。所以能致此者，端在有多数势力与之相抗、相监督耳。此多数互反之势力，由社会

以发生。其发生之故，即源于政府之不干涉。苟政府为之干涉，则多数势力不立，而国家为政府之势力所独据矣。故干涉范围之减少，乃政治改良之初步也。而优良之对抗现象，即自此而出。言治者所当深注意焉。

四

捉摸近世文明国之根本意味者，有章君秋桐之调和论及不佞之对抗论。不佞非敢自慢，实以为苟不及。第二次革命以前，即保持对抗之局，维系至今，决无今之黑暗可断言也。吾民无识，一闻党争，辄为不愉。于北京政府初立之秋，党争固烈，而吾民之恶党，亦同时增高。实则恶党与党争同属感情作用，绝无一分理由之可诉。吾人痛切言之，党争果偾事乎？党争果有损于国家元气乎？当彼沸腾之时，鲜不为答，然自今日已无党争之际观之，则前次之党争实未偾事，且未尝致丝毫损害于国家。苟有闻吾此语而惊者，其人必仍留有当时感情之遗影，为其所蒙不能自立也。请更以反证之问辞进曰："今日之无党争，果未偾事乎？果未损于国家元气乎？"此答我知殊为易易。凡目前之事实，均非深奥难以索解，稍有人心者，必不当背其天良，而以讪词为答也。是则党争固未尝害及国家，而吾之对抗原理，于此益证可知。自由竞争为一切进化之根源，无自由竞争则无发展，吾民而欲束手待毙也，则永永束缚于一尊可矣。

章君之论调和也，要亦不外此旨。其言曰：简而举之，则一国以内，情感利害杂然并陈，非一一使之差足自安，群体将至迸裂不可收拾。故凡问题领域及于是焉者，非以全体相感相召相磋相切之精神出之，不足以言治国之长图也。又曰调和生于相抵，成于相让。无抵力不足以言调和，无让德亦不足以言调和。然则章君之调和论，固非纯指内部之道德，盖与不佞之对抗说，同一为说明社会上政治作用之理法也。故吾独取其说，以为读者诸公进。

虽然，对抗也调和也，皆为社会上政治作用之理法，而非国家机关上政治作用之规律。盖仍属于社会，故欲致此，必政府之缩小干涉，减少压制，先使社会上有充足之生气，然后以社会活动之地盘，引为政治上之对抗与调和。不佞今颇省悟，知泛言对抗与调和，而不从社会活气着想，终为无济耳。所谓社会活动者何？凡经济、教化、道德、地方事务、学术、技艺、信仰等，均划出政府管辖之外，政府绝对不与闻，不干涉，而听人民自由处理之是也。更详言之，即政府不惟人民之仰给是求，扑灭一切之民间事业，而专使其依赖于政府。譬如用人，凡不欲用者，听其于社会自由活动，不必既不欲用而又畏其去，乃虚耗国库以柔禁之。由是以言，如祀天，如尊孔，如国有铁路，如矿业条例等，皆为吾人所反对。国家既无款以自开矿，又何必遏止民间之采矿，而加严重之条件耶？国家既无款以筑路，又何必收买民有之路，以奇其利源，而为借款之口实耶？祀天关于信仰，尊孔亦然。中国宜有宗教与否，此问题固非可一言而决，然以政府之祀天尊礼，而遽谓风俗以是而醇道德，以是而化吾知，虽三岁稚子亦必不之信，则敢一言为断也。报馆为言论自由也，而今之报馆鲜有不受政府之资助者。公司为营业自由也，而深狭之权利乃竟为政府所夺。吾尝默察今日社会之状态，无论任何事务，未有使社会独立举办者，罔不有政府之插足其间。此种插足，乃竟使社会活气根本为之湮没也。故曰：社会生机为政府遏制尽矣。

近世文明国家，首从此点着眼。举凡人民所能处置之事务，无不留于国民，以俾其自由竞争而向上发展，既以省国家之营经，复可长人民之能力。故文明国之社会，其事业乃较政府为多，万事皆不仰政府，而足以自动。我国除政府外，几无社会，人之仰食于政府者有若干万，殆亦世界中不多见之国耳。夫吾之为此主张，欲使政府之范围减少，而民间事务之范围增多，非有鉴于今日之政府不能积极为善，吾乃求其消极之不作恶耳，实乃睹乎欧美先进国立国之原则也。

于此引起一争论曰：国家主义与非国家主义，孰为真理乎？即

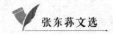
保育主义与非保育主义之互相驳诘是也。夫国家主义在欧文殊乏相当之名词，有之惟Nationalism与Statism耳。前者为通用之语，后者颇属希觏。揆其义，前者指民族国家而言，并非牺牲民权而增长国力。后者之为训，实无异于中央集权。中央集权乃中世纪之迷梦，今已打破久矣。法兰西素以统一著者也，乃近二十年来惟分权之是图。耶池氏曾分四时期，自革命为始，第四时期自一八六六年以迄现今，为分权复兴之时代（见Jeze, *Franzosisches Verwaltungsrecht* S.197）。其他若英吉利学者，名之为单一制（Unitarian Government Unitarianism），其定义见Dicey（*The Law of the Constitution*, p.153）之国，然爱尔兰自治问题愈唱愈高。由此可见，文明国久已不作中央集权之梦也。独我国于革命告成以后，言论家偶以强有力政府为揭橥，政府闻而悦之。夫言论关于政局之建设者亦多矣，政府何皆不取而独取是语？吾故不欲为言者罪也。

要之，国家主义与保育政策，皆为对于国际而言；对于国内，则国家之行为无不有严格之制限，如保育工商，惟在设立关税，使外货不得而压倒内货，则内货徐徐得自然发展也。反之，以工商不兴。凡工商之事，皆操之于国家之手，则工商之发达，又安有望？故保育政策与国家主义，乃国际竞争上之一种方法，而绝非对内而施者也。且国家之作用，对内不在现实事务之处置得宜，而在制定抽象规则之完备。是以琐伦立法，而雅典强焉。盖国家之天职，惟在使社会上之人民得以自然发展。凡有阻止发展者禁绝之，于是必立抽象之规则，以禁阻止发展者，而各与以平等开展之机会。盖人民如春草，但去其覆于上者，即得自然而苗。国家之职守，亦如此耳。若如抚赤子如扶醉人，纵属望于国家，亦莫能为役。故近世文明国家，莫不见及此理，于相当之事属之国家范围，出其范围，即不得过问。此理证之法学，殊为明切，吾请得而详之。

五

闻之法学者言，国家所以别于他团体也，以有统治权。吾尝溯统治权发生之根由，无论历史若何变态，而无不出于被统治者之意思。被统治者之意思为何？一言以蔽之曰：认有统治之必要是也。若有一事，群以为无受统治之必要，则国家之统治权决不能强而加之。是以无论任何专制国，苟于人民之生命财产任意破坏，则决不能成国，行忽革命矣。中国之所以不免于革命者，未尝不以此也。惟学者多以为国权无制限，此言证之事理，而无是处。何以言之？今之谓无制限者，但着眼于对外，而不忽于对内。夫不受外力之压迫，与其本无制限有别。本有制限者，于制限以内不受外来权力之干涉，诉于名学亦无矛盾，又何必谓本无制限而后始不受压制耶？吾对于国权无制限说，以为有误点二端：（一）无制限与人格之观念相冲突；（二）无制限与法律之观念相冲突。

夫国家有人格，是为法人，于法学上已成铁案，无待烦证。然人格之观念，即含有制限之意；苟无制限者，则人格不立。耶律芮克曰：凡人格皆为相对的，即所谓制限的也（原语为All Personlich keiist daher relatiy beschronkt，见所著《公权论》，1905年第二版，p.86）。盖人格者，法律上之现象。法律为人类互相关系之行为规律。夫人既互相关系矣，则必依乎一定之规律。此规律互相限制，使各不能逾格而为非分。故人格之观念即有制限之义，国家为法人亦即含有制限，更不待多言矣。况国家必依乎法律，苟无制限者，又安能使之循法而行耶？

或谓自行制限即为无制限。柏哲士曰："虽有人倡主权制限之说，然其制限非基于法，惟由于神、自然及国际之法则而已。设国家之命令而违反于此等法，则果有何人执此解释之权乎？有之，亦惟国家之自身。然则此等制限，非真制限也，明矣。夫与人类以光明而解释真理者，厥惟公共意识（common consciousness）。故使原理而具有威权，亦由于此。然公共意识者，国家意识也，于近世之民族国家，则谓之为民族意识（national consciousness）。所谓神、自然、国际之法则，必经此承认而始为成立。"（Burgess, *Political*

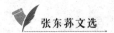

Science and Constitutional Law，pp.53-54）。柏氏此说，几视国家为卢梭之总意。然总意非无制限也，若法兰西革命之国民议会、革命裁判所等，露伯斯、白莱唐顿等何一不借总意之名以行？然不得谓非总意也。若谓非总意，则操此宣告之权者果何人乎？易言之，即解释总意之是非真伪，其权果为何届也？依柏氏之说，必谓仍属国家。抑试思之，国家离其机关，又将何以认识？故人谓国家无制限，而其机关有制限，即国家制限其机关。吾则谓国民制限国家，盖国家离机关别无存在。言国家之制限机关者，实不啻国民之制限国家。此不过言语之争，与实质无稍变也。

更详言之，国家之发生出于人类之结合。人类以向上发展之故，遂组织国家，用以积极建善，消极去恶，则国家之职务亦限于此。除此之外，非国家所以成立之目的，则当然非国家所干予也。以前所谓总意之真伪，而准之于此理，则见真总意者为合于此目的之意思，即受制限有规律是也。若无规律不受制限，则为伪总意矣。故德意志之法学者多谓不受制限，只为于法律上不受外国权力之干涉之意，非谓其博大无涯、不可加以拘束也。

美大总统卫尔逊于其选举竞争时，曾发为演说，其后遂刊为书，颜曰《新自由论》（*The New Freedom*，by Woodrow Wilson，1913）。其中一章名为 Freemen Need no Guardians（此言自由之民无待于袒护），痛论哈密尔顿之非策。实则就情而论，往者哈氏之保育政策，固未尝无功，而境过情迁，安能一如畴昔？则其不适用为人所诋者，亦当有自也。由是观之，凡保护政策，其背而无不为干涉与遏止。迨夫时机已过，而当日视为保护之制度，转瞬即为障碍之组织。此言合乎规则之保护也。若中国又乌能以语此？中国素无保护作用，今非锡以"保护"之名，亦非与彼国之保护政策相提并论，特以为被国之保护，尚不能无弊，矧我之非保护而为摧残之干涉者哉！

昔者严君几道尝谓，文明国之干涉较多，以警政为例（惜不倭一时不能举其书之页数），无识者乃以通衢便溺为譬，相附和之，以明吾国为自由，而欧美则否。此种论调之根本误会，在不识自由为何物。夫以便溺于选为自由，吾恐证之严君必不之许。自由之名词，自传入吾国以来，即招误会。青年男女误于此者，何可胜数。此固不独我国为然，即彼欧美曷尝不如此？若日本自欧化以降，风俗日薄，男女贞德罕有所存。顾彼等均不以此，而国家即加以干涉，且不以国家未干涉，而遂至衰弱也。近来世风日下，淫邪诐靡之小说，在坑满坑在谷满谷。有人颇倡政府严禁之议，吾则谓不然。此中固不乏奸人牟利，然大半皆为文人末路，既不敢公谈政治，复无固有之职业，故自国会解散以来，政论之馆日少，而小说之作日多也。苟政府于正当事务减其干涉，则各人之聪明才力可以迸发而同赴于正，是此种小说不足忧也。以日本证之，社会之瘤靡，有识者未尝不忧之，发为谠论，用以警告。然此提倡者，仍属于社会，是足证社会有自救自拔之力，无待于政府之干涉。又况国号共和，则政府之权尤当有限。此理毋待吾言，顾吾言适增吾痛耳。今请归纳上述之旨如下：

中国国运之兴也，不在有万能之政府，而在有健全自由之社会。而健全自由之社会，惟由人民之人格优秀以成之。此优秀之人格，苟政府去其压制，使社会得以自由竞争，因而自然淘汰，则可养成之也。易言之，中国之存亡，惟在人民人格之充实与健全，而此人格则由撤去干涉而自由竞争，即得之矣。于诸自由之中，尤以思想自由及思想竞争为最也。

由是观之，吾于希望社会自由之中，不可不以社会自由之思想，以为我国民劝。盖闻之"知识者能力也"，我愿同胞以此知识而增其能力。至于国家之干涉，吾未见其可焉。

根本救国论

　　自甲午以还，外而强邻之侵略，内而政府之压制，知苟欲立国，当易其途径。顾虽有改革，亦屡起屡仆，国势愈衰，国力愈耗。全国之人受政治之摧残，经济之窘迫，外人之虐遇，知至今日始真达于无方法无希望之地位，而亡国乃必不可幸免也。吾则以为不然。非真无办法，无希望，无可挽回，乃确有救亡之道。不佞敢大胆陈述于同胞之前，幸垂察焉。

　　不佞以为吾人虽于此百无聊赖之时，然不可不由两种觉悟之决心。此两种觉悟之决心者何？曰：一、政治上改革之可能之觉悟（前提之决心）；二、政治上改革之方法之觉悟（内容之决心）。

　　前者是为前提之决断，后者则内容之决定也。虽然，吾为是言，非不知实际上有绝大之困难。当清末之际，外患日甚，内政日敝，民生日困。谋平和改革者，既穷于献策，为武力解决者，亦旋举旋灭。于是悲观之流，乃喟然太息，以为救国真无策矣。甚者踏海自绝，不愿目睹祖国之为波印也。及武昌一举，乃侥幸功成。当其时虽有转悲为乐者，然深心之人，犹以为不然。果也，未及二年，而局势大异。昔之嚣张纷争，固未足为福，而今之黑暗复旧，更属死征。于是主张悲观确信亡国者，乃又得一凭证也。不佞横览当世之士，勿论昔主乐观与否，迄今竟无不日趋于悲观与消极，不能无所惑焉。夫实际上，社会国家全至死地，绝无一分生气，固属事实，虽有苏张之舌，亦不能辩。不佞非无目者，安不辨此？顾不佞期期以为有救亡之可能者，亦自有说，述之如下。

　　第一，吾人之悲观，由屡次失败与绝望而生。吾以为此诸失败与绝望，皆可归于吾人认理之不真，将事之不慎，无备于先，未谋于始，而非真事实上有绝对不可能也。犹之航海，险事也。甲为之则覆没，而乙则否。吾人只可以甲之败，谓属于甲之不慎，而不当谓航海为绝对不可能之事。故吾以为虽前此之救国者皆归失败，然止得谓其败由于为之之不得其当，而不得以为中国真无救也。吾言初非欺世，亦不敢故作快心之语，以慰国人。不佞深知今日之局，既悲无可悲，而亦慰无可慰，正当椎胸泣血，与同胞共研究所以安生立命之道，又乌可以夸大之言，而淆视听！故不佞之为此言者，乃发乎天良。夫当前清之际，有心之士，无不知救国之途唯在革命。夫以革命救国，诚不谬也。然须知革命所以能救国者，不在革命而止，乃在革命后之施设。若革命而无善良之施设，则不过多一次扰乱与破坏而已。顾清末之人则未尝知此，终日所耗其心力者，若何而得革命耳。至于革命后之施设，未尝预为之酌定焉。惜乎革命与革命后之施设有别，果二者相同，则辛亥之役，谓国已得救，抑何不可？由是以证，谓救亡无策，救国为不可能之事，真妄言矣。语云：差之毫厘，谬以千里。则今日之失败，止可谓由差之毫厘以生，而绝非无的放矢，可知也。故吾以为以革命为救亡，诚是也，惜乎无革命之施设以随其后。不然者，又安有今日耶？此知其一不知其二之过也。然知其一，已近是矣。语云：虽不中，不远矣。由是可知，吾人之认理与将事，由不亲切至于较亲切，再由较亲切至于真亲切，则吾人于真亲切之时，即国家真回生之日也。虽迟迟而进，然非不进。苟以一月一年为率，则此演进之理，殊不易觐。若以五年十稔为期，则自甲午以来，国人对于救国之方法，虽旋举旋败，对于挽回之活动，亦屡起屡仆，然细察之，则其间确有一定之进程，无不由非理而趋于合理，由迷妄而即于觉悟也。是则吾人又乌可于进行之中，而自堕其气耶？

第二，失败者，教训也。失败愈多，则教训愈密。教训周密之时，即转败为成之日也。不必远征，但以清末以迄今日之经过为

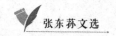

例，已有教训二端：曰政治改革之可能之教训；曰政治改革之内容之教训。前者惟证其事之可能，后者则示内容之应若何耳。何以言之？当未革命之先，无论革命与立宪各派，对于改革之可能，未必有确实绝对之保证，所以从事而不少衰者，亦不过尽其在己而已，所谓姑妄为之是已。此盖当时困难之环象有以使之然也。革命与立宪各派，皆不能预料有辛亥之变者，正以此耳。迨辛亥之变既成，谓革命者已奏厥功，殆无不可。于是可知当前清之际，抱改革不能之悲观者，至辛亥乃一扫其迷梦。且以此推知，凡吾人所欲为之事，但使毅力不退，热心不减，一旦时机成熟，终有成事实之一日。此为时机问题，为工夫问题，而不可挟有事实上绝对不可能之疑问也。吾人今日之境，又何尝异乎清末？四围之死气逼人，中央之黑暗尤惨，前不见古人，后不见来者。凡有事业，皆为暴政所扑灭；凡有途径，皆为恶法所壅塞。然吾人犹以为有希望者，以有前清之例在焉。前清固明明告我以改革之可能矣，奈何不深思之耶？至于内容之教训，即前谓知其一不可不同时知其二是也。容下详之。

吾人已证明改革可能之理矣，则前提已定。前提定，然后可与言其方法及内容也。吾以为方法固不易言，然得分二期以分限之：一、第一期间（消极期间）；二、第二期间（积极期间）。

第一期间，为由不良而至于良之开始之过渡也。夫由不良而至于良，则其间必有极长之期间。第一，必先去其不良，此一事也。第二，去不良，非即为良也。盖不良与良，非不容间律，乃有中间之位置。故去不良之后，必更为良之施设，此又一事也。故吾人分此为三期。于第一期，纯为去不良之消极施设；于第二期，则建设良之积极活动；至第三期，结果乃得。吾于是名之曰完成期间。各期间所用之方法，皆不相同。于第一期，惟为多方面的进行，所谓道并行而不相害，异涂同归是也。夫前清之覆，谓革命一党之功，则不可也，立宪派亦与有力焉。不有九年立宪之诏，人心不知立宪之足以救国；不有各省之谘议局，则地方无自治之练习。凡此皆立宪派之有造于国家者也。且不仅躬亲其事者为有功，而死者之先烈，其功尤伟。若吴樾，足以使疆臣落胆，故瑞澂未见一兵而先遁。若徐锡麟，足以使清室不复信任有知识之士，惟佞臣之言是听，以促其亡，其功不亦伟哉！凡此皆异途同归之明证也。

至于第二期之积极施设，则吾人经验之所教训者，厥在多数政治。多数政治者，即南海先生所谓公有国家是也。特学者对于多数政治，多抱疑问。自梁任公一派谓多数政治即少数政治以来，国人对此更减轻其信仰。吾以为多数少数本属比较之辞，然比较必有标准，若以入政治机关，执行政治为标准，则恒古今，遍大地，绝无一国，而能使多数国民尽入乎国家之机关者。是多数政治，绝不存在。易言之，为少数政治固不容疑，然所谓多数政治者，其标准乃不在是非谓多数人入乎政治之机关，实乃谓居政治机关之人，其执政必依于政治机关背后多数人之意思也。兹列多数政治之特征如下：

一、国家之权力有制限，使国家与社会判而为二。凡人民有三大自由之保障，于社会上得以自由活动。相异之党派互反之意见，皆借此而生。且得互相竞争于正当之轨道，不能以一而压服其他，其结果由调和而臻完善焉。

二、多数人之意见于当局者之背后占有势力，得驱迫其入正当之涂经，而不敢自逞与专擅也。其结果以议为政，政乃日致于良矣。

三、以议为政，则政出即奉行无阻，不必强力。盖被治者之心中，早已确认此政之必要与有益矣。且以议为政，则全国各派各部分各个人，皆得差足自安而不致破裂也。

虽然，中国地广人众，情感利害之不同，言语文化之不齐，未可融为一炉，加以历史上之沿革，地方观念不可打消，故欲一时而举多数政治之实，不亦难乎？于是又以数年经验之所示，知惟有一途，曰取地方分权之地方制是已。即利用省界之观念，使一省之利害得失，由全省之人以相召相感之精神以处理之，于省建立多数政治。各省如此，全国始得为多数政治也。故省之权必集于省议会，

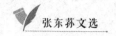

而省议会又必为一省人民于社会上各种利害情感意见党派之缩型。俾各得陈情于此，则意见情感杂然并陈，再由相召相感相切相磋之道，使之各得相安，而公善即于其中而现。一省如此，各省皆然，则国之兴可立而待也。

以上内容之教训也，吾今已证明改革之可能，并其内容之方法。或有疑者，将以为倭事危迫至此，亡国在即，而以上所言者，皆属迂谈。吾敢答之曰：不然。彼岛国欲以独力而亡我，决非至短期间所能行。而吾于此较长期间，或有自救之机会，亦未可知。即以要求论纵，使加我以莫大之损失，然犹不足置我于死地。苟国内无李完用其人，则决不能即此而亡，此可断言也。进一步言之，即有李完用者，国人亦未尝无冒百险以处置其人之勇气，于此时固不必预存悲观，而自堕其气也。

按此篇之目的，在证明改革之可能而已。故第一期之施设，本可不论；而第二期之施设，亦仅述概要，惟在明此种施设非预定不可耳。至于详论，则限于篇幅，且言之太长，亦非所宜。可与参见者，有谷君之《地方制度答客难》，秋桐君之《政本篇》《调和立国论》，丁君之《国是论》，及汪君之《省制私议》等也。

第三种文明

我以为人类的文明，自有历史以来，可以分做三个时期。每一个时期各有特征，可以说第一种文明、第二种文明和第三种文明。

第一种文明是习惯与迷信的文明。依古代文明史的研究，知道古代人类完全是拘束于习惯，个人没有超越习惯的思考与能力，所以威斯透麦克说："古代社会上习惯就是惟一的道德律，未开化的人类不许个人有独立的良心。"这就是习惯与迷信的解释了。这种文明的特征，在思想方面，是没有人格的观念，没有自决的行动；在制度方面，就是宗教制度，皇室制度，地主制度和奴隶制度。至于最初的酋长制度和乱婚，因为在历史以前，可以不必说了。在原人时代，各部落互相掳人，掳了去的人等于牛马，这便是奴隶制度的起源。至于帝王制度却起于宗教，就是政教不分。总之，在这种文明底下，思想是束缚的，制度是阶级的，但是没有国家的发展。

第二种文明是自由与竞争的文明，也就是从习惯解放出来的第一步。第一个表现是科学的发生；第二个表现是政教分离；第三个表现是革命与立宪的运动。科学出世了，习惯与迷信的拘束失了权威，个人乃得自由思考与自由行动。个人自由的第一步是缩小宗教，就是政教分离。那第二步便是推翻以前的制度，就是革命与立宪。殊不知自由与竞争是相连的，有了自由，竞争必随伴而来。在一方面，个人因自由而竞争，就生了资本制度，佣工制度及其他附属的制度，在他方面，因为竞争而有国家的富强，就生了国家主义殖民制度，及其他附属制度。总之，在这种文明底下，道德上是个人主义，制度上是国家主义，经济上是竞争主义，思想上是唯物主

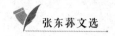
义，社会的组织是有阶级的悬隔，民族间是战争的。

第三种文明是互助与协同的文明。因为尚没有成熟，不能详细说明。然而也有几点可以预言的：

一、思想上道德上必定以社会为本位。

二、经济上必定以分配为本位。

三、制度上必定以世界为本位。

四、社会上必定没有阶级的等次，虽不能绝对，也须近于水平线。

要而言之，第一种文明是宗教的文明，第二种文明是个人主义与国家主义的文明，第三种文明是社会主义与世界主义的文明。现在我请拿这三种文明比较一回。第二种文明是部分自觉的，第三种文明是普通自觉的，第一种文明是不自觉的。第二种文明是偏重个性的，第三种文明是偏重群性的，第一种文明是本性未开发的。所以，这三种文明各各不相同。有人说现在社会主义的新潮流是复古，这便大错了。

下这第三种文明的种子的人，第一从生物学方面讲来，是克鲁泡金（Kropotkin），与伐伯尔（Fabre）。他们二个人都是实地上考察动物的生活，知道生物生活的要素是协助，不是互争。第二从社会学讲来，现在大多数的社会学家——如颉德（Kidd）为尤甚——都是倾向社会性的。第三从法学讲来，是狄骥（Duguit）和斯泰姆拉（Stammler），一个主张没有权利，一个主张法律是自律的制约的意志。第四从经济学讲来，自然是马克思（Marx）派的社会分配说了。现在社会主义的学说虽是分歧，但是大体已经确定了——社会主义与进化论相关的疑问，与犯罪学相关的疑问，与淑种学相关的疑问解决了，思想上可以说已经大成了。

在事实上，这第三种文明，因为大战的缘故，方才出芽。因个人的自觉有先后不同，民族的自觉也有先后不同，欧美先进的民族自然比中华民族自觉得早些。这次大战把第二种文明的破罅一齐暴露了，就是国家主义与资本主义已到了末日，不可再维持下去。因为资本主义存在一天，那阶级的悬隔愈大一天，结果没有不发生社会的爆裂的。国家主义存在一天，那武力的增加愈甚一天，结果没有不发生民族间的惨剧的。这二个本来是互相结托，用国家的权力行经济的侵略。到大战告终，这二个已经同到了末日。除了一部分的政客，还在那里讲什么非牛非马的国际联盟以外，恐怕觉悟的人已经是不少了。

我尝说大战譬如春雨，第三种文明的萌芽经了这春雨，自然苗壮起来。但是尚须吸取阳光，才能成熟。阳光是什么呢？就是大战后的各国革命。里宁说："你们以为大战后必定是世界平和，我以为大战后必定世界大革命。"里宁的观察真是不错。大家要晓得，现在支持国家主义与资本主义的，只有欧西三岛和亚东三岛。如果他们一有革命，世界必从风而靡。就好像一间破屋子，止有两根柱子支着，两根柱子一倒，便都坍了。这个结果是个什么呢？就是全世界的大改造——依第三种文明的原则来改造。

所以，我们现在应当准备着，以待大改造的临头。不过我们有一个最苦痛的地方，就是中国今天的现象，是十七世纪、十八世纪、十九世纪、二十世纪的人聚于一堂。虽则欧美先进国也是复杂的，他们的思想也有差池，但是新的究竟居多数，且相差也不甚远。我们则不然，一则开化的很少，二则距离得太远。大多数的人，仍逗留在第一种文明与第二种文明之交。不但没有第三种文明的资格，并且也没有第二种文明的陶养。这个真是苦痛了。

但是，我对于我们中华民族的前途，是很乐观的。因为世界改造以后，必定是取互助主义与劳动生活。互助主义不必说了。从劳动生活说来，我们人口很多，生活很低，自然能取得一个地位。不过大改造未成以前，在这个黄青不接的时候，不能不有一个办法。据我看来，第一是文化运动——广义的教育，第二是设法变外货为外资，第三是移民。文化运动，尤当是启发下级社会的知识和道

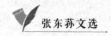

德。变外货为外资，就是目的在变纯粹消费阶级为劳动阶级。止要是工厂能自治，本来不怕资本家。若果能行工厂立宪制，就是外人开的，也不妨事。那移民就是往各国需要人工的地方去。总之，以文化运动为重要。

最后，我请说一说文化运动的方针。我以为我们虽则仍区留在第一种文明与第二种文明之交，但是不应该再提倡第二种文明的知识和道德，而应该专从第三种文明去下培养工夫。要提倡互助的精神，要培植协同的性格，要养成自治的能力，要促进合群的道德。我这篇不过是"发凡"，自信不甚详尽。我因为脑力不足，不能细述，"读者谅之"。

我们为什么要讲社会主义

客：你们为什么要提倡社会主义？

我：我们为什么不应该提倡社会主义？请你先说一说！

客：一言以蔽之，药不对症。

我：我们讨论一个问题，最忌是说笼统话，社会主义的药如何不对中国的症？我们非把他详细解剖一下不可。第一，先问社会主义的药，是那几个原质配合成功？他的作用如何？第二，须问中国的病在那里？他的症候如何？所以我请你分条讲来。

客：先从表面上说，当欧战未终以前，中国人没有一个讲社会主义的；欧战完了，忽然大家都讲起社会主义来了，这不是一件很奇怪的事情么？所以从这一点看去，可以说现在讲社会主义的人都是学时髦，出锋头，我所以不敢附和，就是为此。

我：你说的这番话，乃是出于人情之常，我也很承认的。我不敢说现在讲社会主义的人都是学时髦，我也不敢说现在讲社会主义的人里头，绝对没有学时髦出锋头的人。所以我以为今天应当分别讲来，就是把人与主义分开。离开现在讲社会主义的人，试问抽象的真正的社会主义，是否与现在的中国有容纳的余地？如绝无容纳的余地，即使有真正讲社会主义的人也是不相干。如果尚有容纳的余地，虽则讲的人是学时髦出锋头，但是关于社会主义的本身没有丝毫的损失。换一句来说，就是不能因讲的人不好，便说不应当讲。所以最后的问题，仍只有社会主义与中国的关系，和讲的人的好坏没有相干。

客：你既说到抽象的真正的社会主义，那么我们两个人的谈话

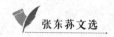

便归到本题了。我们先要对于社会主义给他一个严正确切的定义，于是在这个共同承认的定义之下，方可以开始讨论。

我：理当如此，请先说你的社会主义定义罢。

客：社会主义的定义固然是各人不同，我们拿书籍来看，便知道的。但是也有一个共同点，就是无产阶级对于有产阶级要求平等。因为近代的物质文明太发达了——生产的机器与消费的物品都是层出不穷——把人类的生活演成了两个极端。这便是富者愈富，贫者愈贫。贫富愈分离，那贫的人对于富的人愈起憎恶的感情。所以有这种社会主义发生，乃是要做社会革命。

我：这句话不错。据你所见，社会主义是不是一个单纯的经济问题？是不是一个单纯的生活问题？是不是一个单纯的阶级问题？

客：都是。

我：果真如此，便和我所见不同了。据我所见，社会主义乃是一种人生观与世界观——而且是最进化最新出的人生观与世界观。

客：这个意思我不明白。请你详细说一说！

我：要说明这个理由，非把社会主义思想发达史来讲一下不可。须知"社会主义"四个字是包括的（all embraced），他好像一个人，有幼年，有壮年，有老年。那幼年的人与壮年的人虽同是人，但性格绝不相同。所以社会主义发生最早，那古代的空想的社会主义，就好像年幼的人；近代的科学的社会主义，就好像年壮的人，他们两个的性质是很不相同的。虽则他们不相同，但也可以包括在一个概念之下，好像幼年者与壮年者同是人，所以说是包括的。就是说社会主义一个名词包涵各种各派的社会主义，这是包括的一种义解。还有一种义解，就是指社会主义本身是多方面的，不是一方面的。因为社会主义是改造人的全体生活——从个人生活到全体生活，从精神生活到物质生活，都要改造。并不是只拿人生的一个态度一个方面去改造的。换一句话来说，就是总改造，不是特改造。凡是改造人生而合于社会主义的原则的，社会主义无不把他综合起来。这便是包括的第二种义解，所以社会主义是包括的。

客：固然古代的社会主义与现代的社会主义不同，但社会主义总以马克思为正宗。照马克思的学说看起来，确是一种经济问题。

我：社会主义到了马克思便得到科学的基础，这个议论我是承认的。若是说社会主义以马克思的学说为止境，无论什么人，都不能承认这句话。我们稍把近来讲社会主义的书来翻阅一下，便可以看见马克思以后不晓得分了若干派。这便是马克思学说不包括的证据。因为他的学说不包括，所以后人要去扩充他修正他。总之，现代的社会主义是经过无数的修正，无数的扩充的最后结果，不单是马克思一人的学说了。

客：这是从思想方面说的，若是从环境的变化上说来，又当如何呢？

我：思想的变化和环境的变化有密切的关系，我们因为社会的各种科学尚没有十分发展，我们没有十分切实的凭据，所以不敢说思想与环境究竟哪一个先变，哪一个后变。但是据我一个人的观察，以为虽是思想先变，但是这新思想的发生乃出于对于环境不满足的直感。这种直感虽是很浑朴的，但非常有示唆的力量。所以不能说环境与思想在最初没有十分关系。因为思想与环境的关系有二种：一个是顺应的，一个是反激的。

那不满足现状的直感，便是思想与环境的反激的关系。社会主义的发生，虽是出于无产阶级对于雇主暴虐的环境起一种不满足的直感，但是对于这个环境，却不只无产阶级因为自身的利害要起不满足的感情，就是其他的人也有时觉得不满足。所谓"恻隐之心人皆有之"，就是这个。所以对于现在状态的不满足，到了近代，已经成了一种普遍的感想。对于现在环境的改造，到了今天，已经成了一个普遍的要求。你不看见各国的贵族学者都连翩加入社会党么？这便是个证据。总之，对于现状的不满足而大家都觉得有改造的必要，乃是各阶级共通的情形，不能说只是无产阶级要求社会

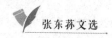

革命。

客：旁观的同情不能算做有力的原因。

我：这句话固然不错，但要晓得这并不是旁观。因为单纯主张经济改造的社会主义一旦实行到实际上，便当然发见了二个条件。第一个是非把个人的精神生活改造不可。第二个是非全地球的旧制度一齐推翻不可。从第一个讲来，便是从唯物主义移到精神主义。从第二个讲来，便是从一阶级主义移到全世界主义。

因为精神方面的思想不解放，道德不改造，那物质方面的经济组织是不能改造的。又因为世界上全部的旧制度不推翻，一个阶级的障碍是去不掉的，既然是精神解放与世界改造，那便不是一个阶级的事，乃是各阶级共通的事了。

客：请你举例说明！

我：这个很容易明白。譬如中国人听了"社会主义"四个字，便疑心是主张贫民抢夺富人的财产，独身者奸占有夫的妻子。社会主义中固然有主张共产的，也有主张废除婚姻制度的，但是他有一个极重要的前提：就是须知社会主义的道德与现在资本主义的道德完全不同。必定有了社会主义的道德，方能行社会主义的制度。所以蔡孑民说，必定男女之间一丝一苟，方能谈自由恋爱。中国人的疑心社会主义，是完全拿旧道德的眼光来看新制度。他忘记实行新制度时候必定要先有新道德了。

客：你说到这一点，正给我一个有力的论据。就是中国旧道德未改，万不能讲社会主义。今天要讲社会主义，必定引起一群流氓，借了共产的名义去做掠夺的勾当。你说这不是一种危险的现象么？

我：这个现象所以发生的缘故，据我看来，决不是因为社会主义的提倡，乃是因为实际上早有一种生活困难的原因。须知现在中国有一个现象，大家非大注意不可的。这就是普遍的生活困难。在乡村因为生活困难，遂跑到都市；在都市依然是生活困难。所以在这个普遍的生活困难状态下，无论什么主义必定都变了抢饭吃的手段，不单是社会主义有这种危险的。

客：请问这个普遍的生活困难的发生原因在何处？

我：说到这里，便知道社会主义不能不及早提倡了。中国的普遍生活困难虽则有种种的原因，但我敢说可以大概分为两种。就是物质方面的原因和精神方面的原因。这两方面却还有密切的关系。先从物质方面讲来，一言以蔽之，是西方物质文明的压迫。若详细说起，生产机关因为机器的发明与外货的输入，几乎驱逐干净。生产机关愈少，自然是贫困了。再从精神方面来讲，因为物质文明发达的原因，旧日制约的道德完全破坏，流于放任。自然是富的愈侈华，贫的愈堕落，全以个人目前享乐为本位了。那里晓得他们是互相因果的呢？就是国民愈贫便愈堕落，愈堕落便愈贫；国民愈贫外货愈输入，外货愈输入国民便愈贫。再简括做一句话来说，就是物质文明愈压迫，生活便愈困难；生活愈困难，物质文明愈压迫。

客：我也如此观察，不过我以为救济这个危险可以用提倡实业的方法，不必去讲社会主义，因为讲社会主义反而阻挠实业的发展。提倡实业是正路，社会主义是空谈。

我：我以为不然。振兴实业固然也是赞成的，但不是惟一的方法，也不是最彻底的方法。因为从个人的立脚地看去，中国人中有一个人振兴实业便免得他的生活困难，是一件很好的事情；若是说四万万人个个都去振兴实业便能免去普遍的生活困难，这个理想是事实所不许的——即绝对不能实现。所以从个人的立脚地来讲振兴实业，我可以赞成。若是说振兴实业是救济中华民族全体的一个彻底办法，我便不相信了。因为有一个极大的势力，自从西方压到东方。这个大势力虽则发生在西方，却是有余力及到东方。不但是及到东方，并且把东方压得丝毫不能动颤。这个大势力虽可以叫做资本主义的势力，然而"资本主义"四个字尚不能包括完全。我们假定他是私有冲动（Possessive Impuls，这是罗塞尔的定名）的组织力，这个私有冲动的组织力所发现的制度，便是资本主义与国家主

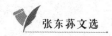

义。西方各民族用了这个组织力来压迫我们，就是拿政治方面的国家主义与经济方面的资本主义合并来征服我们。我们好像被一块大石压着，没有活动的余地。资本主义的性质有两点：一个是集中的趋向，一个是压制的势力。集中的趋向就是只有小资本集成大资本的趋向，没有大资本散做小资本的趋向。压制的势力就是大资本能把小资本吸收了。这两点是相辅翼的，简单说起来，就是只有大资本吸收小资本，没有小资本抵抗大资本的道理。从这个原理讲来，无论中国怎样募集资本终是不能抵抗外国资本的。况且振兴实业的前提有两个：一个是没有内乱，一个关税保护。关税的保护既然绝对没有希望了，那没有内乱一层也是无把握的。所以振兴实业只能个人小做，不能认为全部的彻底的救济方法。至于天然的富源是总在那儿，无论讲什么主义都不会消灭的。

客：既然如此，请你从积极方面说应当讲社会主义的缘故！

我：现在我把反对的诸说都驳倒了，便应当从正面解决这个问题。我们讲社会主义有两点是请大家注意而不要误会的。第一，不是专讲未来而抛却现在；第二，不是专讲世界而抛却中国。因为如此，所以我们对于现在的中国应当有个明确的观察。必定有了这个观察，方能预见中国的未来与世界的未来。

客：中国的现状是如何呢？

我：我可以说中国的现状是一言以蔽之，在他人的私有冲动的组织力支配之下，这种组织力不但是把中国的物质方面吸收得干净，并且把中国的精神方面弄得不堪。总之，中国在物质与精神两方面同是受他人私有冲动的组织力的影响，已经到了不能自立的地位。物质方面显而易见，可以不论。单从精神方面讲，中国本来的思想与道德经过这个物质文明的筛子筛了一下，留的固然不少，去掉的也是很多。现在有人还在那里攻击旧道德的守节，其实守节在这种物质文明的潮流中早已不能维持了。那复古家也不过付之长叹罢了，他丝毫没有挽回的力量。所以守节问题不必攻击而自然可以减少。这便是物质文明对于旧道德的影响，也就是旧道德的变化。他的变化有线索可寻，就是依着资本主义的原则。举例说来，如拜金主义的风行，如奢侈，如竞争私利，如滥用自由，等等，都是与资本主义的社会组织有连带关系的。中国虽没有得到资本主义的本体的幸福，却受了资本主义的余波的弊害。这乃是西方资本主义的余风所扇，并且已经及到中国社会的各方面了。如奢侈，如崇拜金钱，如滥用自由，如个人快乐主义，都是强有力的证据。不过西方的资本主义在本国，本国的社会起了变化；而中国则资本主义在国外，他的余风所扇也把社会变化了，所不同的只此一点罢了。况且中国本来是实行家庭制度（指大家庭而言）的寄生生活的，现在加上一个资本制度的寄生生活，所以堕落得更快了。我尝说，中国没有社会，而有无数的家庭（group of families），现在更加上资本主义，便是不重人只重钱。

在这种无社会只有家庭与不重人只重钱的国家里头，如何能够有人道呢！家庭制度是寄生生活，资本主义也是寄生生活；家庭制度是快乐主义，资本主义也是功利主义。所以物质文明的筛子没有把家庭制度筛去。可见得只要打破寄生生活，同时便能废除这两个怪物（松巴特Sombart称资本主义为怪物）。说到这里，便知道我们主张社会主义既不像工行的社会主义（Guild Socialism，前译为自活的社会主义，似不甚妥）建立一个全国的工行（National Guild）；又不像多数的社会主义（Bolshevism）组织一个无产者专制政治（Proletarian Dictatorship）；更不像无治的社会主义（Anarchism）废去一切机关；复不像国家的社会主义（State Socialism）把所有生产收归国有。乃是浑朴的趋向，却是惟一的趋向。好像说我们非向东不可，虽则向东走去，走到尽头，看见一种特别境象；但是在定方向的时候，却不能详明说出这种境象来。虽则不能详知以后到达的境地，然而方向却是一定而不可移的了。我上说的种种都是证明我们非决定这个趋向不可的。

现在更详细说说，这个趋向就是逆现社会的——现社会的逆向，也就是一种文化运动专为反对现社会的。现社会是寄生生活，这个趋向便倾向于共同生活；现社会是偏重资本，这个趋向便倾向于普通的劳动；现社会是自由竞争，这个趋向便倾向于互相扶助；现社会是个人快乐主义，这个趋向便倾向于社会幸福。无一不是和现状相反的。所以可以总名为与现在相反的文明运动——新文明运动。

客：你说中国只要决定浑朴的趋向，可见得中国与各国是情形不同了。

我：诚然，中国的情形虽与各国不同，却是程度的不同，不是性质的不同。中国比各国不过相差一步。好像各国先走一步，中国迟走一步。先走一步的自然先到一个境地，迟走一步的自然也有一个境地。境地虽不同，但是大家都必要经过的。现在各国所处的境地是选择制度的境地；所以有生产国有说，无产者专政说，全国工行说，地方工行说等等。中国今天尚没有到这个境地，用不着做具体的规划，但要提倡一种社会主义的人生观与宇宙观，先使中国人的精神革了命再说。不久到了第二步，自然就有讨论具体制度的必要了。须知社会主义是包括的，就是新文明的总称。这个新文明虽则从世界上一二处发源，但必定总汇起来，布满了全世界，方能完全实现。所以不可把社会主义认作那一国对于他的特别状态下的特别政策。他乃是全人类反对现在状态的一个共通趋向，不过顺着这个趋向，往前走，各有快慢的不同罢了。可见得我们今天讲社会主义既不是专讲未来而抛弃现在，也不是专讲世界而抛弃中国。我们既认中国是世界的一部分，要改造世界，便不当遗漏了中国。况且改造中国，非就从现在预备起不可。

客：你说是趋向固然不错，但是非有预定的步骤不可。

我：我以为大大的不然。我们只能定方向，而不能定以后的步骤。因为步骤不能预定，非走了第一步，不能有第二步。因为第二步是由第一步创出来的，第三步是由第二步创出来的。走了第一步，不能定第三步，因为尚隔了第二步咧。所以我们只要往前走，愈走愈能发明新方法去适应新境地。若是不走，不见新境地，自然也不能发明新方法去适应他。我们今天既在第一步的时候，就应当先把第一步的工夫做完了，不必急急讲第二步。

客：虽则不必急急讲第二步的办法，但不可没有从第一步而远望第二步的观察。

我：这句话很不错。但观察与办理是不同的：一个只能得大概，一个非具体规画不可。在第一步的时候，观察第二步的发端是可以的。譬如从现在的中国可以观察最近未来的中国，但是即使我们想出一个应付未来中国的办法，这个办法究竟有效与否，不到实行的时候是绝对不能预决的。所以观察是认识事象，办理是运用事理。一个是外的，一个是内的。所以我们对于未来只能观察而不能应付——非到那时候不能应付。

客：你对于中国的未来做如何观察？

我：我以为中国从今天以后没有建设，只有破坏。这个破坏不是少数人故意做出来的，乃是大多数人的自然趋势；所以我叫他自然破坏。好像一座塔，辛亥革命不过破坏了一个塔顶，从此以后逐层破坏，到了今天还剩了好几层在那里，尚没有破坏干净。现在全国都是怨气，都布满了"破坏"的呼声。所以在最近的未来，或者就有小破坏出现，然而大破坏还在后头咧。这彻底的大破坏以后，究竟呈何种现状，我们虽则说不定；但是我们可以说，没有建设则已，如果有建设，必定要依着社会主义的原则。所以从这点讲起，我们现在把社会主义的真髓宣布出来，不致使人误解，便足以防止许多的流弊。

客：如此说来，我也不反对。

我：总之，我们讲社会主义不是从物质方面破坏现在的制度入手，乃是从精神方面传播一种新思想、新道德、新人生观、新生活

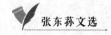

法入手，也就是先从打破现在社会上资本主义的习惯入手。不是对于中国问题做单独解决，乃是对于中国问题用解决全体人类问题的共通方法去解决他；不是对于中国前途的自然破坏去促进他，乃是预先指出将来所不能逃避的自然破坏起来了以后的建设方向。所以不是专讲未来而抛却现在，也不是专讲世界而忘记中国。

听说我的朋友刘南陔君对于这个问题也做了一篇文章，题目是《我们为什么要讲劳动问题》，他是专从经济上立论的，与我这篇从文化上立论的有些不同，但是读者非参观不可。

长期的忍耐

颂华兄鉴:

来函论旨颇有可商榷处，请为公陈之：须知现在中国之内地，遍地皆兵，遍地皆匪，以言建设劳动者阶级的国家，现国内以缺少真正之劳动者故，止能建设兵匪阶级的国家，而绝对不能建设劳动阶级的国家。此乃事实，愿公特别注意者也。至谓保障平民之政治与法律，则现在一班人民不求政治与法律，但求得食与得衣。其故有二：一曰不知衣食与政法有关，二曰饥寒交迫，实无暇远虑。彼野蛮人之无高远观念者，非不为也，实来不及也。

公谓有二问题，曰开发实业是否采集产生主义，曰应否暂时采用Dictatorship。吾以为两问题即一问题，盖所谓集产机关归诸公共管辖之下。而所谓公共管辖，即为政权之行使。欲以政权行使于经济方面，则政治方面必有强有力之组织与组织的分子。故肯定第一问题，即同时肯定第二问题。惟中国目前之情形，则与第二问题大相矛盾。夫做 Dictator 不难，而难于得其拥护者。中国之老实的百姓，决不知何为拥护，即拥护焉亦无丝毫之力。然则以兵为拥护者乎？果尔，则非 Dictator 乃傀儡耳。今中国无人有Dictator之资格，固亦难矣，而况绝无拥护者。正犹军队，不在有帅而在有兵，今既无兵而又无帅，则第二问题不能成立也明矣。

第二问题不能肯定，则第一问题必随之而倒。公谓开发实业必借外资，将来人民受两重乃至三重之压迫，与吾所见相同。惟吾以为，此乃无可幸免。公谓社会革命将莫由兴，吾则以为不然。惟其如此，方有社会革命。第一，社会革命必起于富之分配不均，而

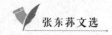

不能起于富之一班的缺乏。盖贫乏太甚，则一切举动皆不能实行。譬如直接行动之罢工等，决非十分贫乏之工人所能为。第二，贫乏之可患甚于不均，不均可由重新分配之法，于短时间内救正之，而贫乏则非短期所能救济。俄劳农政府之办法，对于不均固完全解决矣，而对于贫乏则尚在试办。罗素所不满于彼者，或亦在此。盖两相异之问题，不能用一相同之方法为之解决。故吾敢预言中国真正社会主义之起，必在由贫乏而进于不均之时代。在此贫乏与知识幼稚之时代，纵有事件发生，必为假借名义，此不可不预知者也。我辈不主张社会主义则已，若主张之，则当有极长期之耐性。在此种具有不能产生真社会主义而又易于产生伪社会主义之条件之时代中，止可冷静研究，并宣传事业亦可少做。

公此行宜以国内情形时时徘徊于脑际，于是乃能以国内情形与彼土情形相较，又与彼辈主义及政策相较。若将本土情形完全忘却，则纵考察得彼中办法与主义，亦止适于彼地而已，未必遽能移用于我也。

匆匆敬覆。东荪上。

谁能救中国

我想在现在除了一部分人专以祸国自私为事业的而外，凡稍有知觉的人，看了这种时局，无不要以口问心，提出下列两问题：

一、怎样救中国？

二、谁能救中国？

即以著者而论，此二问题昼夜相随者几及二十年。当其始，以为关键在乎法制：有善法则中国便可转弱为强。后来事实继出，一一为之否认。于是这两个问题在实质上即变为一个问题。因为完全是一件事，而不能分开。这个理由却非略加说明不可。所谓"谁"决不是指具体的人，如孙中山、吴子玉等，乃是说一种悬想的人格。必具备某种人格方能从事于救济中国。既然是指抽象的人格者而言，当然"怎样"两字即包括在内。所以说两个问题实是一个。

自晚清以迄现在，爱国之士对于救国所下的方剂实不下几十种，择其大者言之，如清末的立宪，民国的共和，与现在的省宪。当一说初出，大家以为此乃起死回生之圣药；迨投药以后，而国家的病状如故，于是使我们晓得此等主张，不过主持论坛者自炫之具。虽其间未尝不出以真心，然其志仅在宣传而不在躬行，则可断言。如有以农业救国为说者，自身不惟不自从事于农业，乃并农业教育而不甘其寂寞。总之，今日中国决非理论之宣传，方案之拟议所能救济。什么一种主义，怎么一个策略，这些空言断断乎不足以使垂死的民国得以复苏。

我们试翻阅历史，无论为朝代的更换，或国家的灭亡（即一民

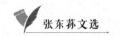

族被他民族所统治），其最初必是知识阶级先堕落。所以一民族，而其知识阶级若将其祖先所由成功的美德及人类所必具备的要件渐渐消失，则此民族必不能独立于世界。梁任公说，现在时局所以如此大糟，实因屡次改革把最优秀的都牺牲完了，而新的又来不及发生，致呈青黄不接之现象。其实梁任公这句话只道着事实的一半；他对于当时最优秀的到了现在乃堕落得比常人还厉害这个事实，却未看见。至于新起的知识阶级，其堕落亦不下于当时负盛名的人，终日萦其心曲者无非恋爱与出锋头。近来离婚拒婚逃婚等事之多，足使人大惊。若进一步而言，此种现象实为个人自利主义之一表现，换言之，即个人享乐主义之一表现。其弃妻不顾，足证同情心之薄。但求自己另得良偶，遂对于他人幸福毫不顾虑。有时不得两全，则但求自己满足便即了事。青年如此，则壮岁可知。故中国的知识阶级可谓已大部分衰颓了，其颓唐并不在年龄，年老的固然都衰颓了，而年轻的亦大部分含有衰颓之气。一个民族而其中的知识阶级一不振作，则其民族必不能竞立于世界。因为知识阶级在一个民族中就好像神经在机体中一样，神经一坏则生物必坏了。

中国知识阶级所造恶果之最大者，莫过于将无赖放出。今日以前，中国能维持平和数十年，至少必有一种秩序抵制恶人使不得逞。原来秩序的目的即在使社会性扩大而抑制反社会性的动作。不意中国知识阶级日以打破此种宰制为事，于是捧武人，造内乱，惟恐一班无赖不能出而作祟。我尝比中国的知识阶级为《水浒传》上的洪太尉，掘开石碣，放出妖怪。迨无赖尽出，自居主人，而知识阶级反退于宾位以媚之。故知识阶级的罪恶，实不在小。

照上述的而观，可知中国时局糟到如此，乃由知识阶级的自身堕落所致。有人以为知识阶级既不足恃，则不如筑国家之基础于他种阶级上（如劳动阶级）。我以为此说不切于事实。须知无论如何，知识阶级决不能排斥尽净。因为知识阶级不是经济上的阶级，而是社会上的阶级。经济的阶级以生产方法而分，政治的阶级以权力运用而分。社会既不能无组织，有组织即有权力，有权力即不能无运用，于是凡有知识者必易参加此运用。故知识阶级在政治上实为近水楼台，除绝对个人无政府主义外，这种事实是无法消灭的。因此，不谈政治则已，谈政治舍改造知识阶级外无由。

有人告我湘鄂战争时的故事。湘军人多而军器甚少，王占元的北兵则军械甚足。于是湘军乃徒手上前以夺敌人的枪。前一排死了，后一排即从死尸上走过。如是者死伤无算而卒夺得枪械不少。若有人问我：谁能救中国？我敢毅然决然答之曰：知识阶级若能具此种精神便能救国。可惜湘军有此精神者只是小兵，将校则无之。

自五四以来学生的名誉如日中天，然降至今日，社会上一提及学生，无不望望然而却走。此无他故，盖当日学生的行为正如革命伟人的壮烈，而今日学生的行为亦正如革命伟人的堕落。举国人人所景仰于学生者，只在一点，即在军警森严下以赤手空拳之青年公然敢打卖国贼，如此而已。除此以外，学生并无可佩服的。这种精神，质言之，即是牺牲的精神，或不怕死的精神。此种不怕死是积极的，而不是消极的。如近人所倡不合作主义便是消极的，其感人决不如积极的那样深厚。所以不合作主义唯在亡国的印度可以实行，而垂死将衰的中国决不起何等影响。

于是，我对于上述问题可得一正式回答：即非培养壮烈的牺牲精神于知识阶级，则国家总是不救的。我不相信中国劳动阶级在一二十年内能握得政治的重心。即有以劳动党为名的，亦必仍是知识阶级的变相，不是真正的工人。但是我们一方面，却不能不认定现在的知识阶级是堕落了。兹总括我的意见如下：

一、民族的衰亡以知识阶级的堕落为先河；

二、中国今天确是知识阶级已衰颓了；

三、欲救中国不外培养知识阶级的不怕死的壮烈精神。

由自利的我到自制的我

一

去年元旦（但是阴历）我曾为《时事新报》撰了一篇论说，题目是《祖先崇拜与我》。当时我看见祭祖的风俗依然通行，而实际的社会则早已非复旧观了，使我觉得非常奇怪。因为这种祖先崇拜的性质与现社会的实际状况根本上是矛盾的。中国今天的社会是何种社会？我想读者试闭目一思，不难把现在社会的可怕印象都唤起于目前。质言之，今天中国的社会乃是人人自利的一种冷苛社会：在这个社会中绝寻不到什么热情，什么牺牲，什么友爱，什么报德，什么互助。这个社会中只有自私、利用、阴谋、宣传、植党、卖国等。总之，凡生在这个社会中的人总是把与其相与的人们不当作"人"而当作东西，供他的利用。这种彼此不拿人当人的社会居然犹留有以报德为主旨的祭祖，这不是一件可以注意的事么？因此我乃悉心观察一下。孰知我观察的结果，知道中国古代思想与中国现今生活乃是绝对相反。于是我的问题是：

一、数千年的礼教古国而变为现在这种自私自利的冷苛社会，究竟起于何时？

二、此后是否有方法使这种社会再变得好起来？

二

中国古代的思想是什么？我们从祭祖一端来看，亦可看得到几分：就是中国的文化是"没我的"。何以名为"没我的"呢？"没我"一辞本是日本人所创用，但我觉得这个名辞很有意思。须知"没我"是与"主我"相对。后者是谓以我为中心，凡以我为中心的必先自觉得有"我"，所以"主我"思想是由我的自觉而生，至于"没我"思想乃系没有发现自我，因此"没我"与"无我"不同。"无我"是把我否定了，所以"无我"是印度派的出世思想，而中国的古代思想尚没有发达到此。日本人特创"没我"一辞，以别于"无我"乃是很有深意的。我们从中国人的祖先崇拜便可看出这种道理。须知祖先崇拜不仅是报答先人生我育我的劬劳，乃兼含有一种意思，表示我只是祖先的一个分支，而不能有独立的存在，差不多可以说我的存在完全由于祖先所定，我的使命就是续成祖先的使命。于是我的生命不是自己的，乃是祖先的；其结果则我只有天职，而无自由。一方面我应得报答祖先生我的恩，他方面我应得继祖先生我的志。我的生存的意义即在于此。设我不知报德，便是自暴。这种精神名之曰"没我"思想，我想是不错的。

这种"没我"思想，虽不免于幼稚，然其主旨在维持人群，却亦不必厚非。须知古代社会不如现代社会那样有组织，乃是很散满的。虽则鸡犬之声相闻，而可老死不相往来。因彼此无相需，不必互相有无，不必群策众击。所以古代的社会是很散满的，几乎可以说，组织性甚低。但是我们切不可因为古代社会的组织方面未发达，而就推想到古代人的心理生活方面，以为必定亦是个性很强而群性很弱。恐怕实际上是适得其反。须知利己的心情是后来发达出来的，真正所谓"原人"决不有巧诈的利己用心。我们虽不敢说古代人的群性一定比现代人来得强些，然而我们却可以说古代人的个性却是比现代人来得弱些。须知现代人的个性这样发达，幸而社会的组织渐渐挣紧，所以社会尚能存在。倘使以个性发达的现代人而使其生在组织散满的古代社会中，必定使社会不能进步了。以中国论，所谓"基本的社会"就是家庭，而维持家庭的虽是于不知不觉之中靠着几种本能（如爱子的本能等），而传统的训条所谓"孝"亦是很有力的。因此我们应晓得古代的社会，因为组织很低薄，其

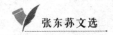

维持专在传说与教训以及礼俗，和现代社会建筑于利害上的迥乎不同。所以这种"没我"思想在维持社会上不是绝对没有功用的。

三

我们既知道古代社会是建筑于传统礼俗之上，但传统礼俗一天一天堕其尊严，则将如何呢？我想这便是社会自转移其性质：由不自觉的结合而变为自觉的结合，由天然的结合而变为意匠的结合。这种变迁的由来，其唯一的主动原因便是理智。理智渐渐抬起头来了，则一切迷信、习惯与传说等，便如寒冰遇着烈日，断无不渐渐消融的道理。但我们必须知道理智的初开，换言之，即其初醒，无不是抨击的，破坏的。所谓破坏，从轻的一方面来说，就是对于早有定价的东西另行估定其价值；而所谓另行估价即不啻将其原有价值打破。从重的一方面来说，就是对于原无问题的事情而提出疑问，而所谓提出疑问即不啻将其原有地位推翻。大凡提出疑问与另行估价，总是对于原来的那个东西或那件事情认为不合理。这个"不合理"三个字，很足以表示理智的初醒，就是理智起来摇动以前的状态。把原来的状态完全摇动了，颠覆了，使其失了拘束力，这便是所谓"解放"，所以理智的初起总是谋解放。这乃是其特征。

然而我们更须晓得理智的初醒与自我的发觉是紧接的，因为理智起来摇撼习惯风俗信仰，其摇动一分便是解放一分；解放一分便是自由一分；自由一分便是自我独立一分。理智所抨击的与所破坏的愈扩充，则我的自主愈完成。所以主我思想是理智发达所附带而起的。换言之，即初民生活大概是不自觉有我的，只是为习惯传说的随从者罢了。迨其理智渐渐开发，遇事必思考一下，于是便不甘于束缚，乃觉得有"我"，我乃有"自主性"。须知自主性与我是同义语，知道有我，就是自主的发觉。所以这种自主的觉悟乃是理智开发的一种特性。我们于此乃得有两种特征：即自消极言，自所对言，理智的开发是破坏的；自积极言，自自身言，理智的开发是自主的。

但既发觉有我，同时很容易陷于利己的流弊。我认为利己心与理智有密切关系即是由于此。然而这只是流弊，不足为理智咎。须知理智的本性是什么。精神分析学家佛洛德说人类的心总是求快乐的，如小孩总是一味游戏；迨到后来实际上遇着困难，不能快乐下去，于是才会晓得天高地厚。例如小孩子看见火光，觉得光亮好玩，便伸手掬取，迨到他把手烫痛了，他才知道这个东西不是玩的。佛洛德名此为"快乐原则"（principle of pleasure）与"实际原则"（principle of reality）。我想借他这个意思来说明理智的发生，以为理智的发生就是他所说的实际原则。详言之，得知人类天生是耽于幻想（day-dream）的。我们只须看古代人的心理便可证明。神话是最富于幻想的，宗教大部分亦然。此外，如"方术"（magic）亦是由幻想而出。至于诗歌大半是出于想象。我们以神话、方术、诗歌、宗教、寓言、童话等为证，足见古代人的生活是富于幻想的。这种幻想乃是用以安慰自己，使自得其乐的。如相信"不死"（即死后尚有灵魂可以复活）即是一种幻想，用以安慰对于死的恐惧。这种安慰，自近代看来，固然完全是自己骗自己，但古代人生存在世却得力于此种自己骗自己不少，因为这样一来提起了生活的勇气而减少了悲观与恐惧。但到后来，这种自骗自总是维持不下去，所以渐渐移到实际上来了：由宗教转出哲学，方术转出科学，由诗歌转出写实派的文学。我们不啻把全人类视为一个人，应用佛洛德的由"快乐原则"转到"实际原则"，必可见理智的开发就是这种的转换。所以理智的第一级特点即是所谓"客观的"（objective），换言之，即尊重客观的实际。客观的实际是怎样，即怎样，不必讳言，不必遮掩，不必曲解。客观的事实虽则我们极不愿意他，虽则使我们极不快活，虽则极不利于我们，然而总觉得丝毫不改，直认为真相确是如此。所以理智的第一步，即是除去热烈的情感而直认冷静的事实；绝去爱憎而仅留是非。我们即据进一点

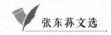

而观，便可知理智与利己心是根本不相干的。所以利己心的发生不得据为开发理智的罪状。但理智初醒容易流人于自利，却亦是往往有的，这一层容下文再说罢。

现在且接着述理智的第二级特点。尊重客观乃是求真或求诚。但往往昨天以为客观的真际是甲，而今天再仔细观察乃发见客观的真际是乙，因此便难保明天不更进步认客观的真际为丙，后天又难保不变为丁。照这样甲乙丙丁一层层地无穷推移下去，岂非我们永久留于尚未得真正窥测客观真相的境界么？换言之，莫非我们永久只得许多连续的"暂时的真理"，而始终未得着一个不变的"绝对的真理"么？既然我们所得仍非究竟，则必仍不足为真正的客观。照这样便是由尊重客观而折回到怀疑了。所以第二级的理智特点便是"存疑主义"，以为一切所得全是"概然"（probability）而非"确然"。第一级的理智是自然主义，而第二级的理智是存疑主义。这个意思于本题虽无正面的关系，所以于此提及乃是怕人误会我的意思，将谓我提倡理智主义，遂亦主张浅薄的自然主义，而使他们知道理智并不与自然主义始终相伴。

四

现在我应得说到利己心与理智的关系了。所谓"利己"一辞好像可从正面来下定义：就是说利己是凡一举一动只求于自己有利，不计其他。其实这个辞包含有一个负义在内：就是但求有利于己，虽违反公众而不恤。所以这个字若仅是正面，并不能算是坏的。因此我们知道通常所谓利己实包括负义而言。既然"利己"一辞兼有"反群"的意思，则我们不能不研究到维持人群的道德。须知道德有两种，亦和法律有两种一样。法学者分法律为两种：一为正法或合理法（just law），一为具体法或形式法（positive law）。前者是法的原理与法的本性；后者是有形的法典，因为依法律程序而立的法规，其中未必尽合乎法的本性，所以尽有具体法而非正法的。

道德亦然：一种是学理上的道德，可名之曰"真正的道德"；一种是习俗上的道德，可名之曰有形的道德。前者是morality，后者是moral code。换言之，前者是道德的原理，后者是具体的礼度。两者的范围初不相合：有时习俗礼度竟与道德原理相合，有时道德原理竟有未见于习俗礼教中的。因此我们知道具体的道德只是风俗传说习惯礼节等，而这些风俗传说礼仪等却不尽与道德原理相合。于是我们得着两种道德，彼此范围互有异同，即所谓无形的道德理论与有形的道德传说，正和just law 与 positive law 的分别相同。这是从性质上分别，至于从发生上来看，却是无形的道德理论较有形的道德传说来得幼稚。直到今天，其范围还没有定，其性质亦未弄得明了，所以客观派伦理学家不认有道德而只认有风俗。而在我个人的意见，则以为风俗只是所谓positive morals而非moral in itself。不过我们却无法拨开这些风俗以求见真正的道德；我们只能渐渐修正风俗，或选择合理的风俗而汰除不合理的礼度，以求其与真正道德由逼近而符合。好像道德是心灵而礼俗是躯体：没有心灵而能离身体的，但我们却亦不可因此而即说是只有身体并无心灵。

至于如何修正风俗，第一步必须发见风俗不是道德。若仍照昔日不自觉的状态，以为道德就是礼俗，除礼俗以外无道德，则必谈不到什么修正了。所以第一步便是于有形的道德传说以外尚认有无形的道德原理。这种发见或觉悟，在一方面看来，就是对于旧道德有所破坏。旧日道德的传说一旦而堕其权威，则自然容易陷入利己思想。因为旧日的道德标准既皆动摇，人的一切行为便无所拘束了。于无拘束的行为中又不能不自定一个标准，这个暂时的标准莫过于自我。所以利己思想是小我的发觉——但非进一步而发觉有大我，不足以救其弊。以小我为暂时的标准，这便是推翻礼俗的道德时所必然附带而生的一种现象。推翻礼俗乃是理智的初醒，这便是由不自觉经半自觉而进于自觉。利己主义乃是半自觉时所起的一种病症。换言之，即这个过渡期间所必现的畸形。

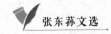

我们若认明这一点，不但可以对于目前中国这种人欲横流的社会不有何种悲观，并且可以对于中国的前途或许认为有可乐观的地方。老实说，利己主义的人所以能取巧，只因为大多数人都是浑浑噩噩的，所以他独能成功。设若人人都有充分的知识，能辨其奸，能防其诈，他亦必无从施其技了。总之，在老实的社会中，有二三个人独精明，则这几个人自然占了便宜。倘设一个社会中，人人都很精明，则吃亏的人必少。我这话不是主张一个社会中若都是恶人便无法为恶，乃是说假定一个社会中人人的知识理解都发达到相当的高度，则断不会有人受愚，有人取巧，势必渐近于平衡而各依常轨。并且我们须知人类的知识总是向"开化"而前走，绝不会后退的。我们要嫌人类渐渐太聪明了，使他闭明塞聪，乃是一件做不到的事。所以老子一派的绝圣弃智的主张实是不可能的，不能实现的。

于是我们应得明白：凡是因知识开化而产生的恶果，只有由知识更开化一层始足以疗之，断不能因噎废食，将知识淹灭而倒退到无知识。所以凡是因理智开发而产生的恶劣影响，只有把理智再进一步开发方能为之救济。万不可因此而反闭塞理智，复返于浑浑噩噩。尤其要明白：知识的开化，换言之，即理智的醒觉，是好像排山倒海而来的，没有一件东西能够阻止他。又好像一把快刀，当之立断。所以要使其后退，使其返回，是绝对不可能的。但当其初开必有恶影响亦是当然的。可见利己思想是理智初起推倒传说道德礼俗时所附带产生的一种流弊，我们只有更把理智促发一步，使其发见大我的存在，便足以纠正之。

因此我认为救中国只有提倡理智主义，充分开发知识。我根据此理，所以觉得现在一班杞忧家以为道德陵夷，人心不古，大发悲叹，乃是无聊。挽回现在中国社会的道德决不是高呼几声"道德救国论"所能济事的。我以为道德这件东西不是口头所能提倡的，亦不是笔墨所可劝化的。所以人们虽有世道人心之忧，天天发了许多感慨，亦仍是无裨于实际。我虽不相信经济的一元论的唯物史观，但我亦愿承认在许多原因之中经济亦是一个重要的原因。设使理想能够改正经济，则显然可见经济不能成为铁则。这一层非本题所论，不必再提。

总之，道德决非空言所能提倡。只有就实际的趋势设法推进，俾得自觉。苟人人能充分自觉，则是非利害得失的算盘必不肯打得甚短。换言之，即不愿打短命算盘而愿打长命算盘。所以因理智而生的弊病只有再由理智来救之。我承认现在中国的社会破坏了传统的道德，诚然是比昔日不如，但要医此病却不能使其返古，惟有再推进一层。我这个主张并非创论。希腊时代，苏格拉底与柏拉图救济当时诡辩派的破坏传统道德就用了这个方法。苏格拉底主张道德就是知识；所谓善即智，恶即愚（Virtue is knowledge, vice is ignorance）。这句话虽可作种种解释，然而在相当的解释之下，我以为很对的。道德若就上述的第一种而言，其唯一的要素便是靠着自觉。所以人们的作恶是由于不自知其为恶，由于不自知尚有比此为善的。故在苏格拉底的眼光看来，盲目服从地作好事，不及思辨自主地干坏事。因为其作好事是偶然的，不是可靠的。我的意思虽不如此极端，但我终觉得教自觉作坏事的人倒退而肯从此作好事，是不可能的。因为知识辨别力一开便塞不住了。苏格拉底与柏拉图的伟大思想虽无救于希腊的灭亡，然迄今却发为西洋灿烂的文明。中国的今天和希腊的末季完全一样：畸形的个人主义盛行。其结果，贿赂公行，巧言欺世。但我想假使希腊不为外族所征服，而如此长久下去，亦必会自易其辙。因此我甚望国人一注意希腊的史实以资借鉴。

五

以上所言几乎把第二问题先行解决了。就是说这种畸形的个人主义盛行的社会只有再开发人们的理智，使其自觉得有"自制"（self-control）的必要，使其自觉得有大我存在，庶几小我方有价

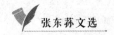

值，于是乃可一转而入高尚的理想，自遏其私欲。第二问题解决，请言第一问题。

我于开首曾揭疑问曰：现在中国这个人欲横流的社会，其变到如此究始于何时？依我的切实观察，我愿断言其不始于与外国物质文明接触的时候，而始于未与西洋物质文明接触以前。我疑心在西洋物质文明未输入以前，中国的传统道德传说已早成为具文，只是一个空壳，没有实际的力量。并且社会上所流行的风俗渐渐变得与传统的道德观念不甚相干了。降至今日，所谓礼教除名称外，其实质与现社会几乎完全无关。老实说，现社会中的一举一动无一是合乎礼教的命意的。现在还有一班人在那里大骂什么"礼教吃人"，我实在可怜这班人是瞎子，因为他们没有睁开眼来看看社会的现状。若举这种例，将不知凡几。总之，说礼教与现社会无涉，苟稍观察得深些的人断无不首肯的。所以要骂社会尽可不必涉及礼教，而要批评礼教亦不必以现社会而证。不过礼教的有名无实，我总疑心是一种自然的变化，而不是由于西洋物质文明的驱迫。这种自然的蜕化在社会制度上是很多的，而在生物上亦有相类的，如男子的乳。至于这种废颓的社会制度，其例更多，不胜枚举了。

总之，社会上往往有很伟大的制度而仅存其形，其内容完全变化了的。道德亦然，风俗亦然。原来礼教是表示道德的涵义，后来变为空的仪式，其内容的真义好像水蒸气一样早已腾化出去了。我因名此为"礼教的蒸腾"。我相信礼教的蒸腾在西方物质文明输入以前。所以物质文明一来便好像火星飞入干柴，立刻即烧起来了。现在的中国决不是礼教吃人，乃是私欲吃人。在这种率兽食人的社会中，礼教是已死的陈死人，他不能负责任；物质文明是偶然的闯入者，他亦不能负责任。现在所谓新派的人们痛骂礼教固然是大错，而另有所谓旧派的人们诋毁物质文明亦同是大错而特错的。

六

论至此可以归结了，就是：

一、中国原来的道德渐渐蜕化了：把意义蒸腾了而只留有形式的空壳。

二、这个蜕化在西洋物质文明输入以前，所以物质文明不是道德的破坏者。

三、理智初开的时候总有流弊，不必十分大惊小怪。

四、由理智开化而生的流弊，惟有理智再开化一层始足以救之。

总之，我主张救中国惟有提倡理智。

兽性问题

一

所谓兽性不是说禽兽的性质，乃是说人类的野性。人类有许多行为，如残杀、奸淫等，是和禽兽一样，所以称之为兽性。换言之，即人类至于今日虽经文化的浸染，受教化的转移，然而尚有若干野蛮根性残留未去。于是就生了问题，问题在如何设法化除这残存的野性？所以亦就是人欲问题。在今天人欲横流的中国，这个问题还不值得一讨论么？

我现在提出这个问题，原是补我前作《由自利的我到自制的我》一文的不足。我在那一篇文章立有一个结论，就是：凡一种民族当其初转到理智的路上必先发生流弊；而欲医理智所产生的流弊，唯有再进一步扩充理智。质言之，即是唯理智能救我们。这种主张可谓是主智主义。主智主义有一个缺点，就是太抹煞情感了。我前文对于情感方面一字未提，或许引起读者的误会。所以现在非有以说明不可。

中国今天的社会真是一个恐怖世界，到处都是兽性的表露。土匪的焚杀淫劫，已是报不绝登了，其他社会上各种现象虽不如焚杀淫虏的显明，然亦未尝不是出于兽性的动机。我们不能对于强盗诵《孝经》，所以土匪一部分兽性问题只好划在本文范围以外。我现在所研究的，就是那些不必借重刑法的权威而犹能克制的兽性。

最显著的莫如现代的文艺。我虽于现代的创作很少寓目，然偶一翻阅，即见是男女色欲的描写。足见这就是对于自己的兽性，春色满园关不住，一枝红杏出墙来了。其次即为诋毁礼教的呼声。我早说过，礼教到了今天已是已死的空壳。这种空壳对于实际的人生固然没有益处，然而亦未必有何等大不便利，而尚有一大部分人在那里天天抨击礼教。所以我们不能不用佛洛德的解心法，把这种呼声当一种symbol（可译象征）来看了。

二

西洋的格言中有一句话，说人有两方面，一方面是禽兽，他面是神。照这样便是说无论何人总是有几分兽性的。究竟人性是如何，恐怕要讨论到性善性恶的问题了。中国为性善性恶打了几千年的笔墨官司，而实则对于善与恶两个概念的界说并没有弄清楚。孟子所谓性不是human nature，乃是 instinct，按此字向来译为"本能"。近来心理学上为了本能又闹得不亦乐乎。其实"本能"是存在于生物学与心理学的交界。心理学若反对本能，他就往生物学一跑，而心理学不能越界拿人，必致失败。至于本能为善为恶，实在不能成为问题。因为依生物学一派的人来解释，本能总不外是为了"自存"与"传种"。这两种作用亦说不上是恶是善。照这样说，岂非性善性恶的讨论为莫须有么？果尔，则上文所说人类总含有兽性亦不成问题了。然而，实际上我们看见有些人们吃了酒，失了自觉的控制力，对于平日所动心的妇女作出暴行来，这不是兽性的突发么？还有些人们为目前有一笔不义之财，心中天人交战了许久，而最后仍是取入手中，这不是兽性的表露么？所以近来反常心理学（abnormal psychology）产生了，知道泛论性善性恶是无济的，必须实际上分别研究人类行为上的悖戾与心理上的错乱。

近来反常心理学告诉我们说所谓常人与反常人，并没有绝对的差异。换言之，即是没有常人。从这一点上又告诉我们一个重大的涵义，就是主张自然主义的做人论不能成立。何谓自然主义的做人论？浅言之，即是一个人生在世上应当一任自然，饿了就吃，困

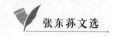

了就睡。这种一任自然的做人法，是我们东方人的思想。但西方亦有这种思想，并且亦很发达。我今天不是批评思想，请不深涉论。在这种论者总以为人生所有的悖戾是起于不顺着自然。这话表面看去似乎很有道理，其实细按真际乃是大谬不然。即以区区小事的"吃"（即食）而论，究竟饿了就吃是自然呢，抑每日三餐是自然呢？当我们已养成每日三餐的习惯时，我们对于三餐觉得很自然，而不必随饿随吃。但谓三餐是自然，则又不然。有些地方总是每日两餐，他们亦不觉有不自然。总之，人性是有伸缩性的，换言之，即有可塑性。你在相当范围内要雕塑成什么东西，便是什么东西。至于人性的本来面目，却是很难看见。而况经了几千年的文化浸染，把本性早已薰熟了。

照这样说，仍是偏于主张人无本性。果尔，则又安有兽性问题呢？近代的新心理学所发见的却非如此。以为人类不是没有本性，本性亦不是恶，但人生却不能顺着本性而行。所谓本性，即是本能。本能的原始命意无非是在要保存自己与继续种族，自然说不上善恶，但我们却不能顺着本能而做人。我说这话似乎与近代新心理学不符。须知近代新心理学虽则告诉我们说，人类的一切高尚行为与心理都可以穷求到有下等动机潜伏其中而不自觉，然而却又告诉我们说，一切下等动机都可以转移向高尚的方面来发泄。假使我们不把下等动机移向高尚的方面来发泄，则文化必不起。并且因为实际的情形，必有时绝对不能使下等动机照原样发出，设不转移，必致精神异态而成疾病。所以，反常心理学发现本能可以转化，这一层是在文化上在道德上在教育上十二分重要。

三

这种转移，在新心理学家有一个专门的术语，就是"sublimation"。此字日本人译为"升华"；友人吴德生译为"高尚化"，友人张君劢译为"锻化"；我则愿译为"升高"或"升移"或"提升"。

按佛洛德初用这个字，是指色欲的升高而言。据他的观察，有许多人爱艺术，爱学术，发挥音乐的天才，发挥诗的天才，往往是由于失恋，遂把本来的情欲移到这些高尚的方面来发泄。但后来许多新心理学家总觉得佛洛德的泛色欲论是太过分了，所以以为这种高尚化是不限于色欲，而任何下等本能都可以提升。凡本来只是利己的本能，都可以设法变为有益于社会的本能。例如"自炫"（self-display）本是下等本能，与色欲有关系的，如孔雀的开屏是炫于雌而求偶，蟋蟀的鸣声亦然。但到了人类，则把这种本能提升为"爱美"，而音乐与艺术的发源即由于此。又如"好奇"（curiosity）本是一种本能，然可以升移到专向学术方面发展，即变为"好学"了。不然，若向色欲方面去发泄，即变为荒淫。所以法人薄缶（Pierre Bovet）说："我们的本能即有最近于兽性的，亦都可以教化；换言之，用解心学家的术语来说，就是可以升高。这就是说总可以把他化为无害而有益的。须知现在社会上最有价值的，如科学，艺术，与宗教，其起源都是很卑贱的。如'爱国心'与爱人类的'人道观念'都是由爱亲心的本能而出。宗教的情绪亦是出于此。争斗的本能可以武士道的规则左右之，可转化为英雄主义，或开垦荒山，或克己修道。至于色欲本能的化身更多，尤以'牺牲'与'慈善'等为最。解心学家知道一种本能所以能转化为他种本能，就是因为这些本能都是同源的，换言之，即同出一源。"从这段话中我们可得下列各点：

一、一切本能都是由一个"根本欲"（libido）而出，所以总是同源的。而所谓根本欲只是"精神力"（psychic energy）的别名；其实亦就不啻是生命的冲动力，与柏格森的elan vital无大差别。

二、一切本能，只要不违背生命的向前冲动，总都可以转化提升，把下等的升到高等的。

三、提升本能便是文化的所有事。如不升移本能即无文化，人类亦无进步。

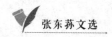

从这三点上，我们可以明白现代所谓"文化人"与蛮荒时所谓"自然人"迥乎不同。而文化人之所可贵，亦即在把固有卑下的本能提升到高尚的方面。不幸现在竟有一部分不学无术的人们，还在那里主张人类应得照着固有卑下的本能原样来生活，去乱闯。这真是思想界的病征了。

我写到此，正接到梁漱溟先生自北京寄来的《卫中先生的自述》一册，当即翻开一看，便见有一段是本能升移的好例，录之如下："其时年龄正当春情发动期，身体活动热度很高，精神的热度因而益高。本来应当找女子，而我不但不找女子，并且不找朋友，而独找基督。基督是我朋友，是我当时所爱的大人物中最大者。直到十七岁时未曾爱过别人。自从音乐开了我的本心，找到基督。所以音乐的第一变化就是让我春情的活动升到精神的地步。"（原书第五页）按卫中即是卫西琴，到中国来即在山西办教育有十余年了。他的教育主张很有独到处。照这段话看来，不但企慕伟人（爱大人物）是本能的升移，即皈依宗教（爱上帝）亦是由此而出。可见，一个人生在世上第一件要事就是升移本能。设若率本能而行，便是禽兽。

四

所谓升移本能并不是压抑本能，因为我们的本能只能升移而不可压抑。压抑本能，往往反致横决，或致生病。所以我主张升移本能而却不主张苦行、克己与绝欲。其实我们中国的礼教并不是绝欲主义。即以制礼作乐而观，可见梁漱溟君所说的调和节中是大概不错。我们可名此为节欲主义，就是使人欲虽不绝灭，而自行节制，得保中和，不致泛滥。这种节欲主义在原始的命意未尝不善，无如后来流为刻板文章，便早失了效用。所以我们对于这种礼教的硬化或淀化诚然可以大反对而特反对，但须知此与节欲主义的本义无涉。西洋文化不免偏于纵欲，印度的出世思想方才真是绝欲。绝欲是否可能，问题太大，不敢置喙。纵欲与节欲都有流弊。节欲的流弊，是把奋发猛进的精神渐渐萎颓了。例如中国人始终没有征服自然的思想，不知充分御外物以厚生，便是其一微。我尝在《时事新报》上作过一篇文章，题目现在忘记了，而意思却尚记得。我当时即以为提倡科学与解放人欲有关系。老实说，科学所以站得住，就在能造出无数的东西以扩充人们的生活。换言之，即纯理科学与应用科学有绝对不可分离的关系，并且纯理科学的价值是因应用科学而增高。反之，纯理科学若无应用科学为之张目，则不过是一种臆说（hypothesis）而已。而应用科学只旨在宣达人们的欲望，克服环境，统御物质，以增托生活。所有一切物质文明都是应用科学的产物。这些物质文明其实皆由厚生的动机而出。所谓厚生，即不啻满足人生的欲望。所以，节欲主义往往使我们有了烛灯就不想有电灯，有了小车就不想有火车。中国虽有天然的富源而无人开拓，或即因为此。这是说节欲的流弊。但节欲的优点亦甚多，第一能得一种心平气和的生活，在这种生活中，心坦神怡，即梁漱溟君所说的"直觉的生活"。

不幸，近数十年来，我们中国人不能再保持其固有的这种悠然夷然的生活了。一则是因为物质方面太一天一天穷迫了，二则是因为环境亦变化了。所以近来社会一变而为洪水猛兽，人心亦一变为魑魅魍魉。乃还有许多心术不堪问的人唯恐青年不堕落，天天播弄邪说，以促进人欲的横流。欲挽狂澜，我以为唯有提倡理智，鼓吹养成理智的生活。所谓理智的生活不是事事计算，乃是遇事必自问其是否应做。理智的作用重在辨别是非，不在计较利害。设若一个人能把理智来控压情感，则必不仅有计较利害的心。因为计较利害仍是暗中情感奴御理智，换言之，于不知不觉中理智为情感所利用。若真能使理智抬起头，不为情感暗中所左右，则决不会仅计较利害而不问是非。所以凡是对于理智主义有所诟病，决不是对于理智的本身。

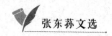

我主张以理智利导情感，就是使情感跟着理智走。情感而能为理智所导引，则情感同时亦得满足。所以我这种主张既不是纵欲主义，又不是绝欲主义，亦不是节欲主义，乃是化欲主义。所谓化欲主义，就是把下等本能升移到高尚方面去，使其亦得满足。

至于升移本能的方法，当然有赖于修养。诚如法人鲍顿因（C. Baudouin）所说，我们今天的科学进步，对于本能升高的法则，尚远不能如物理学的计算电流与热力那样有把握。解心术的学者止能靠助本人的自动。所以，升高本能仍以本人自动的努力为原则，而教育的劝掖亦有力。总之，这些方法的讨论虽很重要，然以非本篇的主旨，我请另篇详论罢。本篇的目的在告诉中国目前的浅薄思想界，使他们知道以往的制欲固然不见得很好，而现在的纵欲却是大害，须知于两者以外尚有一种化欲的可能。文化所凭倚即在于此，并且由此可证明从纵欲主义的立脚地而来攻击礼教，是比主张礼教的老顽固还要贻患于人类社会。

我曾允许人撰一篇《做人论》，而迄未动笔。本篇即可算我的做人论之一节。希望关心世道的来共商榷这个升移本能的问题，以形成舆论，而挽回浅薄的风气。

关于逻辑之性质

一

去年与李安宅君相约编纂一本名学教科书，因此就提起一个问题，即什么是名学？

其实这个问题蓄在我心中已经有好些年了，因为我发见西方学者对于名学性质的见解太不一样了。不但主张不一致，并且他们的背境各不相同。假使你不知道他们各有不同的背境，你对于他们的主张便不能真正了解。李安宅君对我说：形式名学毫无用处。我以为要知道名学究竟有什么用处，非先知道名学是什么不可。

我近来因教授初步名学的缘故，对于这个问题更感有解决的必要。而遍查西方学者的著述，却都不能使我满意。于是自己去思索，乃忽然有所贯通。虽所见并算不得什么新奇，然自信对于名学或有一个正当的了解，同时我亦恍然知道所以西方学者诸说不能令我满意的缘故。原来他们总是以名学来看哲学，而我今天却是由哲学而看一看名学。他们虽以名学为出发点，而各人对于名学的见解却又不同。这个不同之故，从名学来讲是不行的，只有从哲学来讲。所以要明白他们的所以如此，非采取我现在的态度不可。

二

向来以为名学是关于思想之学，后来大家都公认这个"思想"一辞完全不妥，于是便有人改为关于命题之学，而命题是什么呢？向来以为命题就是判断，后来大家公认这个"判断"一辞又是十分不妥。究竟命题是什么？依然是一个不解之迷了。所以我以为应得

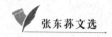

先从下列几点辨别一下。

第一，不可把思想与名学并为一谈。因为思想还可以从心理学去研究，所以名学的对象不就是思想。

第二，不可把方法与名学并为一谈。因为方法在性质上与名理绝不相并，通常把名学分为演绎与归纳，于是有所谓归纳的名学（inductive logic）。其实这完全是一个错误。归纳只是所谓"方法学"，而不是名学，因为在性质上两者很不相同。现在所讨论的只限于名学，至于方法学当然在外。

第三，不可把名学与条理并为一谈。须知条理是这在于事物上的，事物上的条理不一定都是名学的，同时名学的理法不一定都是事物上的。所以名学的对象不就是条理。

根据上述的三点，我们必须知道名理不是心理上的思想，亦不是事物上的条理，同时亦不是思想的方法。

此外尚有一点可注意的，就是名学的前身是辩论术。希腊人喜辩论，所以才发明名学；印度人亦喜欢辩论，所以才有所谓因明。这些辩论术不是教人如何辩论，乃是示人以辩论的规则，凡犯了规则的即认为辩论输了，好像打球必先立规则一样。这样的辩论术，就是所谓名学。可是现在名学的性质大异于此，一班学者往往认不清楚，依然把这样的旧观念夹杂在其中。这亦是对于名学的误解之一。

其实在名学未尝不有类乎打球规则的地方，不过不是人故意创立的，乃是由理性自己开展而成的。所以近代学者对于名学都把他看为"实际的科学"（positive science），而以为不是规范的科学，想来就是为此。

三

我以为要明白名学是什么，必须先承认有所谓"名理界"（logic realm）。换言之，即名理的方式与名理的格构乃是自成一个"界"。什么是名理界呢？这却非一二句话所能说明，必须从长解释。

我们必须第一不走新实在论的路。详言之，即我们不可把名理界认为"实在之潜存的秩序"。因为如果是如此，则所谓名理的格式与结构便都不啻是实在的格式与结构了。换言之，即这些结构必是存在于外界而自如的了。其实却不尽然。例如"空类"（null class）便只是存在于名理上的。所以我们必须承认这个名理界不是"实在的"（realistic）。

第二，我们不可走唯心论的路。唯心论者像 Bradley 与 Bosangue，虽不像新实在论者把名理认为就是实在的条理，但他们却亦以为只须研究名理，便可以引导我们得到实在——即绝对。这便不啻把名理作为实在的"显示"（manifestation）。不过我们以甲与非甲为例，可知并不是甲必定与非甲相关，乃只是我们的思想有所取则必有所舍，于是才有所谓"对分性"。这完全是思想之一个特别的性质，与实在并无关。

第三，我们不可走唯用论的路。唯用论者的主张是和新实在论唯心论都不同，他们以为名理只是人类的便利而已，换言之，即只是手段，由此以达其实用的目的。所以名理在实在上无地位。因为只是一种方便，当然说不上什么固定性与普遍性了。不过据我看来，名理却是普遍的，永久有效的。所以不是仅仅乎方便而已，亦决不是随意造的。

第四，我们不可仍走亚里士多德的路。须知亚里士多德虽是名学的始祖，但他的名学依然杂有"文法"（grammar）的成分不少。他把名学与言语的规则往往混而为一，所以近世符号名学出来，就是企图把旧有的言语部分完全抽除。于是名学便离文法远，而离数学近了。我以为近世的这个工作，颇足表示名理的真相。所以我们不可重返于亚里士多德。

以上是说这四派都不对，但并不是说他们完全不对。其实他

们都有一部分对。新实在论以为名理是潜存的，这是对的，但并不是潜存于自然的外界。唯心论以为名理自身是节节相关是对的，但研究名理，同时离开经验，以为可以窥见本体则未免太过了。唯用论认名理当作工具是对的，但他同时又把名理弄得太随便了，则又失之。亚里士多德的传统派把名理与言语认为不可分开，这亦是对的，只是容易使人误会二者是一个东西。所以我说他们虽都不全对，却亦有一部分对。

四

我们要说明名理是什么，请先借用柏格森之"空间化的思想"一辞（即是说思想可平铺地展于空间上）。反之，不空间化的思想（即思想自身凝结为一，渗透不分），当然亦是有的，不过我们可以存而不论。我们不妨先假定这个"思想之空间化"。

须知所谓空间化，亦就是几何学化，换言之，即数学化。思想而向着这个倾向走去，于是乃有名理可言。至于不空间化的思想，则无名理可言。质言之，即思想向着空间化而展布开来，于是其中乃显出有名理潜存于其中。名理显然是思想中之条理，然而这个名理其自身却有自己固有的结构。思想愈展布，则其中所潜存的名理亦愈显得分明。从心理学研究思想的人们，遂以为名理与思想是一。例如陆立懋（F.Lorimer）所撰《理性之生长》（*The Growth of Reason*），便是用"发生法"来研究名学的起源与发展，实在是一本好书，可惜他只限于心理学一方面了。我们倘不从心理学来看，必见思想中有名理，而名理不就是思想。倘使我们知道如此，必须发见名理是随着思想而空间化而展开来，却并不是为思想随便所创造。因此我主张名理自成"界"，不过这个界是在于思想与言语之中罢了。换言之，即这个名理界是存在于言语与思想中，而不是倚靠于言语与思想。这句话的意思，等于康德所说的"与经验俱始"，而非经验所生一样。

　　然则名学的对象可以说就是这个名理界。名理界中有其固有的结构，所以名之曰演绎系统（deductive system）。这个演绎系统自己必是"圆满的"（consistent）。因为在系统内都可以说得通，所以其所说便等于"换式的重言"（tautology，或者译为套替逻辑）。这种样子便是名理界内的情形。因此我们把归纳法不认为名学，自只认为方法学。方法学是与名理界无涉。

　　至于再问这个名理界是哪里来的呢？自然是属于形而上学的范围。我个人总觉得有些形而上学是永不能回答的。现在只好退一步，只说到认识论为限，现在请从认识论上解释这个名理界是什么的问题。

五

　　我以为要知道名理界的性质，必先承认这个名理界在认识论上有他的特殊地位。这就是说名理界决不能归并于感觉界或经验界，同样亦不能归并于物界的条理。同时，亦不能归并于随心所欲的心理作用。于是我们归纳起来，可得下列的特征：

　　一、名理界是"非自然的"，而又"非经验的"。

　　二、名理界是"非人造的"，但必须与人造的言语并存，即离了言语便无名理。

　　三、名理界是"非自然的"，但却可用于自然界的对象上。

　　四、名理界虽是"非经验的"，却不是先于经验而存在的。

　　五、名理界的所谓"理"，与物理界的所谓"理"可以相应，而绝非同一。

　　六、名理界自身成一系统，所以只有"对"的问题，而没有"真"的问题。真的问题只发生于名理适用于对象上的时候。

　　我根据上述几点，反对新实在论与新唯心论以及唯用论等。新实在论者把名理视为自然的（但他们用"实在的"一辞），他们以为研究名学，便等于研究宇宙的条理。我则以为这是错误。须知名

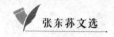

理虽不是完全人造的，却亦决不就是外界如实存在的条理。即以关系的传递为例，父子关系是不传递的，但古代则凡长辈都称为父。可见传递与否，完全视定义而定。我们把父子定为不传递的关系固可，把父子定为传递的关系，亦未尝不可。种种全靠定义来决定其关系的，决不可即认为是外界自然存在的。所以新实在论把名学当作条理，乃是由于太把知识看为写实的了。

至于唯心论弊病亦不小。他们以为名理就是理性的自身显示，所以研究名学，便可从其自身上发见理性的本性，就显然是以研究名学即视为研究形而上学了。新实在论者以为研究名学是等于研究宇宙论，唯心论者以为研究名学即等于研究本体论，在我看来都是错误。因为名理固然不就是宇宙的结构，而同时亦不就是理性的自己显示，乃只是言语中所固有的条理。我们无论如何研究他，决不能借此得以发见本体的秘密，因为他离不了言语，此其一。同时亦非有所适用不可，此其二。倘若不有适用，而只讲其自身，则只有"对"而无"真"。这个"对"决不足以表现宇宙的本体。

至于唯用论虽然弊病尚不大，然而他们把名理认为工具，可随便使用，这亦似乎太偏了。所以我主张名理既不是宇宙构造上的自然条理，亦不是本体的理性上自身的显示，又不是人们随意所造的一种工具，乃只是一种认识上所不可缺的。因此只好承认其为一特别的"界"。

本篇系据去年夏间的旧稿加以改正而成。惟所怀尚多，未能一一加入。他日有暇，当补充之，则此篇亦可视为一个小小的发端而已。

从我们所谓哲学看唯物辩证法

"我们所谓哲学"，有人叫作传统哲学，马克思的哲学是所谓革命的哲学，即"革"传统哲学的"命"的哲学。照马克思的解释，我们的哲学为解释宇宙的，而他的哲学——唯物辩证法为改变宇宙的。

唯物辩证法可分两段研究，一为"唯物"，一为"辩证法"。先说"唯物"，马氏所谓唯物，与普通哲学上的意思不同，普通所谓"物"有四种：（一）可分的，（二）实在的，（三）客观存在的，（四）身为心的基础。马氏的唯物的"物"，完全没有上述四种性质，而只说物之为物，乃不依靠人而本然如此的，它是外在的，不为人力所左右。

次说"辩证法"，马氏的"辩证法"，与普通哲学上所用的辩证法，其意义亦不同。柏拉图的辩证法是方法，黑格尔的辩证法为理论之本身，马克思并不注重辩证法的本身，而将它当作副词讲dialectically，说事物的状态为"辩证的样子"。如果承认辩证法为一实在的东西，则它本身也要辩证，势必在"正辩证法"之后，再来一个"反辩证法"。唯物辩证法者以辩证法为方法。方法一词，马氏解释又与普通哲学不一样。普通所谓方法与逻辑不同，演绎是逻辑，归纳法是方法；唯物辩证法的"正""反""合"，不是演绎逻辑，也不是归纳的方法，只是一种"看法"。

又有人认辩证法为认识论，其实马氏只是用辩证法去"认识"，不是当作"认识论"，此与普通哲学上所谓认识论，大不相同。

总之，唯物辩证法是零拾传统哲学的片段凑合而成，并无新而

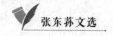

特别的道理。

　　我以为马克思在哲学上的贡献，不在唯物辩证法之提出，而在揭开哲学之社会背景，不再如前人之钻进哲学去研究哲学，而是跳出哲学的范围来看哲学，这对于传统的哲学研究者的打击，实在不小。经他这一打击，哲学遂从以前崇高伟大的神圣地位降到普通文化的水平线上来。我们以为马克思对于哲学的新的态度和旧的态度，就是马氏从外来研究哲学，后者系从里面来研究哲学，应该设法调和起来，才算完满的态度。

哲学不是什么

（本月一日午后二时半讲于本校逸仙堂，此稿承张先生视加校阅，谨申谢意。仲礼附识。）

俗语说："三句不离本行。"我是研究哲学的，所以我今天要讲的是哲学。我亦曾看过几本哲学的书，如谈哲学不至于是十分的外行。凡是一种东西，全是由正反两方面来解释。例如：今天冷，是正面的；或说今天不暖，是反面的。前几天胡适之先生曾讲哲学是什么？他或许是从正面来说哲学。我今天讲哲学不是什么，并非与他争论，乃是要从反面上来解释哲学，使诸君容易了解。近来一般人对于哲学的批评，概可分为三个理由：

一，说哲学先有，而科学在后。因为学术的研究，一天进步一天，人类的知识渐渐地分门别类起来了。如以前只研究生物学，以后又分为动物学、植物学；而动物学再分有脊动物与无脊动物。所以我们的知识，全归于各科，这就是科学。在分科以前的就是哲学，全由哲学脱变而来。现今各种的科学渐渐进步，而哲学本身就无形中消灭了。如祖父的财产，分给儿子，再分给孙子，最后祖父就成为无产者。胡先生或许即抱这种意思。

二，说哲学是各人随便的意见，所以各人不同；科学是一种公式，所以人人所见都是一致的。在哲学上，甲有甲的哲学，乙有乙的哲学，丙有丙的哲学；但科学是大家共同一致的，决不会有争论的，好像二加二等于四，断不会等于五。

以上两种的理由，为一般人反对哲学的意见。现在尚有第三个理由，乃是胡适之先生的主张，就是说：

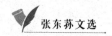

三，现在的哲学，乃是古代的科学。因为古代哲学家的推想，往往就是后来科学的结果，但是科学却比那推想要精确得多。换言之，即无须要哲学了。

今天我们不妨对于这三种批评，稍加以分析。请大家仔细想一想，即可以知道其中尚有讨论的余地。

一，知识的研究所以有分类，是为便利起见，但研究的对象，不是分开的，是整个的。例如我们研究桌子，为分工省力起见，你研究这边，我研究那边，他研究其他那边；但是桌子是整个的，仅研究一面是不能了解的，非要等待各人研究所得，才算知道桌子的整全真像。又如研究生理学的人，或研究心理学的人，他们的研究只是人的身体一部分，而实际上的人却不能仅有生理而无心理。可是无论何种分工研究，终须将来有一天集合起来的，这集合分门的知识，以成一个整全的知识，便是哲学的任务。或许又有人说我们可以坐在家中等候各分门研究都有了十二分结果，再来集合也不算迟。换言之，即现在不要哲学且等到百年后再说。其实这也不然。因为我们人类有好奇心，单从一方面下研究，万不能满足我们的求知欲。所以现今欧美有许多科学家，例如物理学家、心理学家等，到了老年往往都变为哲学家，就是因为他们不满足单方面的知识，而想探求全体的知识。可见这种好奇心，是无论何人不能干涉的，是不能加以禁止的。

二，知识的确切不确切，只在程度，没有意见与知识的严格分别。如果有人说哲学是痴人说梦，科学是确实的智识，是他根本不了解现代科学的情形。须知科学只是一个笼统的名词，其中包含的科学程度却相差甚远，如社会学与政治学，就不可与物理学数学同日而语。我们知道物理学、天文学、数学比较可算为完全的科学，至于社会学可算是三岁孩儿，心理学也不过几岁而已。老实说，社会科学中的见解，差不多与哲学同样也是没有一致的。以政治学来说，有主张议会政治的，有反对议会政治的，各有一说，言之成理，莫定谁是，难道不是和哲学相同吗？为什么在政治学中仍可以叫做科学，而在哲学里便认为痴人说梦，而说他不是知识呢？其实各种问题，只有程度不同，如在同一个班中的学生，有考一百分的，有考六十分的，还有考不及格的，可见仍只是程度的分别，而不是性质有何根本大不同。再讲科学中最高的如物理学。在十八世纪至十九世纪，大家认为牛顿氏的定律是神圣的，终因相对论而出来了，致生疑问。但相对论出来并不是使物理学上的问题减少，反而增加多了。现今即在物理学也有了争论余地，并不是绝对大家一致的。所以一切学问只有程度上的等级，没有性质上的区别，即科学和哲学也不过是程度上的不同而已！

三，说以前的哲学，即是以前的科学，在哲学史上未尝不可如此说，但思想不能笼统。我们试分析古代的哲学，其中究竟有没有科学呢？经分析以后，我们必定知道古代根本就没有哲学和科学的严格的区别。我们虽知道哲学是包括一部分的科学，切不可说以前的哲学，就完全是以前的科学。此句话犯了名学上内包外延的错误，这是第一点。尚有第二点，就是哲学有时反可以引导科学。例如达尔文的进化论，从生物学上讲是他的创见，从思想史上讲实则希腊的亚里斯多德即早有此说。由此可证科学未尝不受哲学的暗示，哲学未尝不可帮助科学的进行。现代许多人，尤其中国提倡科学的人，总以为科学的发明，如同在街上拾了一个皮包打开一看，见着内有一千元。其实科学的发明决不是那样的简单，决不是无意中得之。科学家往往先有想象，然后才能研究。如我以为北平为出人才之地，先有了这种念头，然后将种种的材料搜集起来，如果材料充足，便是得了证明。如先没有想象，又何能去研究呢？现在一般提倡科学的人，举旗呐喊，上书"科学方法"到处宣传，其实他们所宣传的科学方法，就在哲学范围以内。我初不知道什么是科学方法，因为外国并没有离了哲学而单讲科学方法这一类书。后来我才明白，所谓科学方法，就是逻辑中的方法论。但须知逻辑是在哲

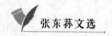

学内的，离不了哲学的。一方高呼打倒哲学，他方面宣传科学方法，实在是一种矛盾。

总之，我的话不是替哲学辩护，果真哲学要寿终，我一个也无能为力。我乃是希望你们听众，各人都须有一个分析的头脑，对于张东荪所说的哲学不倒，你们也须得分析一下，不要完全相信。对于胡适之所说的哲学要死，也须得分析一下，不要完全信他的话！

哲学究竟是什么

一

哲学的性质颇有些奇怪的地方。学科学的大学生虽然在第一年级未必能知道所学的那一门科学（例如物理学或化学或生物学）究竟是什么，然而等到学到第四年级终了，毕业以后必可明白其性质。但学哲学的大学生往往等到学完了四五年以后，方才恍然大悟，自己能够提出一个问题曰：哲学究竟是什么？这种奇怪的情形确是有的。可见学科学是愈学愈得明白，对于对象愈得有所确信；而学哲学则愈学愈加怀疑，其结果愈须反躬自问。然须知学哲学而学会了怀疑，知道问哲学究竟是什么，这乃是学哲学的成功，并不是失败。不但学哲学的学生有此情形，即我们研究了几十年的人亦是如此。

本篇就是想对于这一个问题求有一个解答。其中所说亦未尝不是我多年蓄积于心中的。现在写出来用以表明这个问题在我心中所告的一段落。

讨论这个问题须从三方面着眼。即第一是问：哲学究竟有没有自己独具的方法？第二是问：哲学究竟有没有自己固有的题目？第三是问：哲学究竟有没有自己所得的理论？这三个问题其实就是三个方面。第一是把哲学当作一个治学的训练来看；第二是把哲学当作一个特别领域，来问一问其内容如何；第三是把哲学所诠当作一种结论，而问其性质是什么。于是我们便得三个问题，用换言式表之如下：

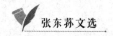

一、哲学的方法是什么？
二、哲学的问题是什么？
三、哲学的真理是什么性质？

二

先讲哲学的方法。我在五年以前曾撰有《哲学与科学》一文（载入中华书局出版的《哲学研究》中），就是对于这个问题发表我个人的见解。我的主张迄今未变。我以为如果把"方法"一词用作比较具体的解释，则我们当然说哲学上所用的方法，就是科学上所用的方法。哲学决不会于科学方法另有他自己的奇特方法，因为普通所谓科学方法只是逻辑，哲学亦决不能外乎逻辑。所以我主张哲学与科学之分别，不在于方法（即不在于方法上有何不同），而只在于态度。于此我提出"态度"一词，其意义似较广泛，而偏于精神方面。现在把以前所说撮要录一二段如下：

科学与哲学同是先假定我们的这个世界是可以研究出道理来的。换言之，即这个世界是有理可解的。不过如何可以研究出来，则二者的态度却有不同了。科学以为必把分为若干部分，各部分单独去研究。在各自研究的时候，最好只许有关系而不互相倚靠与牵制，科学因此便专注重于精细与严确一方面。我们可以说愈向精微与细密而趋，便愈是科学化。但愈求精细即不能不愈分工，愈求严密则不能不愈抽离。而哲学却恰恰采取相反的态度：就是哲学以为我们要了解这个世界之所以为有理可解的缘故，必须先会合其全，以观其整，而穷其底蕴。所以哲学是专注重于彻底与整全（即会通）。故我主张科哲之不同不在于对象，亦不在于方法，乃只是治学的态度有所偏重而已。哲学不是不要精细，乃是为了会通与彻底之故，在二者不可得兼的时候，宁愿多顾全会通与彻底一些。科学亦不是不要会通，乃只是为了精细的缘故，二者既不能兼得，则只有牺牲整全一些。二者的注重不同，则二者必各有所照顾不到的地方，乃是出于万不得已。并且各明知如此，暂时亦未得有善法以补救之。

以上所说，是我那篇文章中的大意，因原文不在手头，恐所引不无语句上的差池，但意思是没有变化。我根据这个意思，便有下列的话可说。

如照我的主张，科学与哲学之不同既只在治学精神的态度，则必可首先打破历来认科学与哲学之不同在于方法的一种议论了。换言之，即我主张在方法上科学与哲学没有什么不同。再换言之，即我以为哲学不必有独特的方法。这一点恐有些人未能同意，故有一伸论之必要。近来英美哲学界盛趋向于分析一派。先是德人卡拿帕（Carnapp）开其端，最近英国少壮学者哀野（A.J.Ayer）大发挥之。他们以为“哲学就是分析”（Philosophizing is an activity of analysis）。然而他们所谓分析，其结果却只变为言语的分析，换言之，即分析言语中所含的意义。其唯一的目的是把言语弄得非常清楚，意义十分确定。其实自我看来，这依然不是哲学所独有的方法。因为无论哪一种学都须得用分析法，先把概念弄清楚了。所以拿分析来概括一切哲学，这是不够的。至于又有人说［例如英人郭令妩（Collingwood）哲学以概念的交融为方法，例如佛教上的双非法（即非有非非有，与非无非非无）。须知一切言语都是状事物的形态。至于“绝对”则必不是任何一事物，所以无法状之。不得已只有用这种双遣法，说他是如此，而又非如此。这乃是一种“消极的叙述法”（negative description），并没有什么奇特。因为积极的正面无法叙述，万不得已只好用这样的方法，完全由消极的负面来把他衬托出来。所以就方法来说，这仍不是奇特的方法而为哲学所

独有。不过这种消极的叙述法在他处没有这样厉害罢了。此外即为直觉说。有人以直觉为哲学方法，但我则以为哲学与宗教的分家即在于此，哲学之所以邻近于科学亦因于此，即直觉如是指神秘的经验而言，哲学实不需要这样东西。

综上所说，足见哲学所使用的依然是和科学所使用的相同，即同是逻辑上的方法而已。但中文"方法"有时意义较具体，恰与英文 technique 相当。有时则包含原则，便变为英文之 method 了。有时较为广泛，则与英文之 way 相当。须知科学实验室中所用的科学方法，是指 scientific technique 而言，各科学即各不相同。至于 scientific method 就是逻辑方法。所以我们可以说在方法上，实寻不出哲学与科学有严格的分界。

三

第一个问题解决了，自然对于第二个问题即会有些暗示。我在前作（《科学与哲学》）上亦曾对于这个问题发表一些意见。我以为科学与哲学既不是方法的不同，而只是治学精神的态度有差异，则任何题目都可由科学来研究，同时亦都可由哲学来研究。这样便无异乎把哲学变为"哲学观点"，同时科学亦只成为"科学态度"。任何题目用科学态度去研究，即成为科学。科学所有的题材倘用哲学观点去看，去探讨，则又必变为哲学了。一切对象无不可以研究，只问这个研究采何种观点与态度。倘用采取分科与抽离的态度，把他愈分愈细，对于所分割出来的小部分作精确厘定，则便是科学所为；倘使从其与各方面联合来着眼，向彻底来追问，这就变为哲学了。因此有人不主张有"哲学"，而以为只有"哲学地"（philosopically）或"哲学的"（philosophical）。这就是说，任何题材只须取哲学态度去研究，都可以变为哲学的。这个情形近来甚为显著。不仅新物理学已大大富有哲学的色彩，即生物学亦是如此。英国的 Woodger 与 Needham 等人都是向这一方面努力。至于最近逝世的J. S. Haldane更不必说了。心理学方面如Koffka一流亦是富有哲学色彩。我们可以说挽近科学界渐有哲学化的趋势，乃是不容讳言的。

根据上述的话，我们能不能说哲学没有特自的题材么？不过我以为尚须分别言之。即自哲学史来看，哲学上历来所研究的问题还是为哲学所固有，但我们对于这些问题却不可以为科学无法问津。老实说，有些问题科学不但可以置喙，并且其回答似乎较哲学还要有力量些。所以不是科学对于哲学的问题永远无法参与，不过有时从科学来解决哲学的问题，却专从一种科学是不够的，势必联合其他科学。这样一来，便超出该科学的本身了。联合各科学本是属于哲学的职务，所以这样依然是哲学而不是科学。

并且有些问题其本身一经分析，即化为无有，或化为另一种性质的问题。我们看见哲学史上哲学问题之嬗变，就是为此。不过我们亦不可一概而论，以为一切哲学上的问题都是由于言语混淆而生的问题——言语一经分析清楚，其问题自然消灭。其实不然。确有些问题是所谓"传统的问题"。因此学者遂有"永久哲学"之称。并不是说哲学永久不灭，乃是说哲学的问题永久不易，以致哲学亦跟着不会消灭。这些问题究竟是什么，须在下文论到哲学真理的时候一并说明。现在我们不妨姑且对于这两个问题（即哲学方法与哲学问题）作一个不完全的答案（因为完全解答必须俟第三个问题亦有解决时方可）。

其答案可如下：关于方法，我们可以说哲学所用的分析法亦就是一切学问所用的，并不有独特的地方。不过哲学的精神确有些不同。因为必须求贯通，必须追问到彻底，乃以致将其分析更显得厉害些了。这乃是因态度而影响了方法，并不是有特别的方法。从这一方面来说，我们可以把哲学当作一个训练。换言之，即可以训练人们的头脑，使他有很快的联想力与分别心。所以习哲学的功用，不在能背诵出来若干大哲学家的学说，以及一串的专门名辞和

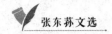

一大套的主义称谓，而只在于使学习的人们训练成了一副敏锐的脑筋，能够自己运思，又能够发见古人思想中联络处与间隙点。久而久之，把自己的运思积成了固定的思路，于是这个人便算对于哲学真入了门了。所以哲学不能"教"（即"授"）而只能"养"。初学哲学的学生无论如何聪明，都有些格格不入，因此必须长期的陶养。往往学哲学的青年必是到了三五年后，才发生真切的兴趣。等到你一旦有了哲学的脑筋以后，你无论再研究任何其他的学问，你必觉得总是不如哲学来得味道醇厚，有些不过瘾。到了那时，你虽要把哲学舍弃，而依然是舍不掉的。

这是讲哲学的看法（即以哲学的眼光来看一切东西），至于哲学的问题亦易明白：即你只须用哲学的看法，则无论对于任何东西都可以看，换言之，即都可以研究。所以自科学发达以后，不是哲学的题目被科学悉行抢去，乃是哲学反而可以取科学的题目来研究了。有人说哲学无将来，这乃是一句不通的话。

四

我们现在要讨论到最后一个问题，这亦是我此篇中最要紧的地方。在上段已经说到哲学的问题虽没有一个不可由科学来窥测，然而究不能不承自有哲学以来，确有所谓传统的哲学问题。这些问题有时候可以变一个形式再出现，但却不能化为无有。所以卡拿帕一派要把哲学问题认为"不成问题"，这实是由于不明哲学的性质。从某种眼光来看，若说他不成问题，固然亦可言之成理，持之有故；但这只是限于某种眼光而已，而并不是这些问题真正归于无有。你不承认这些问题则可，你说没有问题则不可。所以哲学上的问题虽不能完全一个亦没有自行消灭，但在实际上却确是只有增加。哲学问题的逐渐增加，可用哲学史来证明。一部哲学史不是问题的解决，乃是问题的翻新。我尝说哲学上新问题若能层出不穷，这就是哲学的发展。至于有人以为非把问题解决不能得安慰，这便是不甚了解哲学的任务。因为哲学的功用不在于能解决问题，而在于能提出问题。问题倘使时时有新的提出来，则哲学内容便是增加了丰富。我主张以哲学上的"丰富"代表哲学上的"进步"。就丰富来说，当然是旧问题不灭而新问题又起。现在专就旧问题的永存性来讨论一下，至于新问题的发生无讨论必要，因为其理由是自明的。

哲学的问题所以有永久性，以及所以有时变相而仍存在的缘故，我以为是由于关乎这些问题的概念，都是那个文化中之最根本的概念。我们虽不能说那个文明是依赖这些概念而始存，但至少我们可以说这些概念确为那个文明的核心。把这些概念抽去了，则这个文明必须随之而倒。我们可以拿西洋哲学为例。西洋哲学就是整个儿代表西方文明。虽则严格说来，西方文化可以分为希腊文化、罗马文化以及希伯来文化等等，然在大体上总可以总括为一个。例如西洋哲学上的"本质"（substance）观念与"因果"法则等，都可算是西方文明的柱石；离了这些，则西方文化决不会开出灿烂的花来。中国文化又是一支。所以中国人倘没有西洋学术的素养，决不会了解西洋人何以会有这样的问题。

近来唐君毅君在《新民杂志》上有一文，列述中西哲学上问题之不同。我觉得他甚有见地。不过我们不能只见其不同的问题而止，必须更一追究其所以不同之故。我以为在此处，最好以文化来讲哲学。固然从哲学的眼光可以研究文化。普通所谓文化哲学，大概是属于哲学，而为哲学中之一分支。我现在要从文化来看哲学，不是从哲学来看文化。虽然以文化来看哲学，亦可以形成一个文化哲学，然而终是以文化为较大的概念来包含哲学。如此便可改名为"文化的哲学观"。须知"文化"与"哲学"这两个概念，本来是分不开的。若说先有文化后有哲学，或说先有哲学后发为文化，这都是不必要的议论。前者是唯物论的史观，后者是唯心论的史观。我则以为这种史观上的唯心唯物之争，是最无聊的。我在此处只须

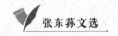

承认某一种文明有其某一种哲学，某一种哲学上的根本概念，亦就是某一种文化的基础形式即够了。就像对于一个活人来问，究竟先有心呢先有身呢，其实身亦不能离心，心亦不能离身。所以关于唯物史观或非唯物史观的争论，只须一经分析，便可知其莫须有的事了。我们大可不必多谈，而只须承认文化之基型大部分就是那个民族的哲学观念就行了。

于此我拉了来一个新名词，曰"文化基型"（cultural pattern）。这是从文化人类学（即社会人类学）上借来的。挽近人类学上大倡文化基型之说，不过他们所说与我并不十分相同，虽则大体上亦有相通的地方。大抵文化基型之意义，是说一种文化中有一个根本观念或形式，能使此文化中所有的一切都染了他的色彩。但我在此处，却训为文化中之最根本最基础的方式。每一种文化都有其文化基型。我在上文说唯物史观等说是无聊的，就是因为这种议论好像把文化与其基型的关系，看作为心与物的关系了。其实文化与其基型的关系，决不是主客与心物的关系。西洋哲学上的问题与西洋哲学上大部分的学说，就是西方文化基型的表现。有时一种文化且可有复杂的基型，西方文化即是其例，返观中国思想亦是如此。唐君毅君把中西哲学上问题性质的不同，列举得很清楚，现在似无重述的必要。我在前作《论中国言语构造与中国哲学思想之关系》上，亦是阐明这一点。我并不是主张言语影响思想，亦不是主张思想左右言语，乃是表明言语与思想同表现一个文化基型。我们愈研究中国思想的特征，拿来和西方相比较，以见其特别的地方，便愈可发见中国的文化基型是什么。我们愈研究西洋哲学，愈发见其中的传统问题与对于这些问题的传统看法，纵然新说层出，而其态度无大变，不过翻新花样而已，便愈可知道西方文化的基型是在那里。因此我们可以暂下一个断语：即哲学问题与哲学上大部分学说所以有永久性的缘故，就是因为这些乃是对于那一种文化中的基型的。

五

以上是以文化来说明哲学。但我们有哲学癖的人到此还不满足，必须再从哲学方面来解释文化。从哲学以说明文化，乃是属于我个人的主张了，我并不希望大家皆赞同此说。而上段所说哲学是文化基型，则我信为是真理。此段所下的文化之解释，不过表明我个人的所信而已。至于个人所信何以不必即为真理，其故则当于下文详之。

文化是对于"素朴"而言。凡对于素朴而有所增加，即都可谓之文化。例如一块玉，在土中时是所谓素朴的，掘了出来，加以打磨使之光润，这就是文化。又如一棵苹果树，当其自然生长，是所谓素朴，等到种在园中，加以肥料，使其结果肥大，这便是文化。这两个例固是很甚浅显，然尚有些不足。大概社会学家讲文化的人多取此说。我则以为文化的涵义尚须较广。例如对于一个东西，我们看他是一块玉，这便是有我们的辨别作用加于其上了。凡我们所加于其上的，都可以谓之文化。我们的认识作用加于"单纯的所与"（bare given）之上，亦未尝不属于文化的范围。因为已往的教育与民族的根性以及传统的思路，在在都影响于我们的当下对物的认识。我们对物的认识不是一个简单的作用，而反之，却是一个极复杂的作用。不仅牵涉过去的经验，并且同时亦含有各种因素，甚至于民族性都可以有影响。琼格（Jung）所谓"集合的不自觉心理"（the collective unconscious），未尝无充分的见地。所以这样一讲，便知道前举两例之不切了。详言之，即讲文化不可在认识论上完全采取常人的素朴实在论的见地，直承认所见为真实而不加批判。据我的私见，则以为必须把认识论亦列为文化学上之一问题，同时讨论之。这样固然是更繁难了，然而为学问计，是不可不如此的。因此我愿意从认识论方面，对于文化求一个解释。这乃是从我的认识论上的见解来作解释的。

我们既然承认凡加于素朴之上的都是所谓文化，则第二问题便

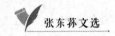

是：什么是素朴？从认识论的见地来讲，当然就是所谓外界。而在我则将外界的"所与"分为二：一为感觉，一为外在的架构。感觉一辞，不如"感相"（sense）来得切当；外在的架构，亦不如"外在的界点"（natural limits）来得切当。关于后者，我在前作《多元认识论》中称之为"自然条理"（natural order）。现在我发见"条理"一辞，最易引起误会。因为凡是条理离不了辨别作用，于是纯客观的条理究竟有没有便成为争论了。我现在避免这一点，决不主张外界有个纯客观自然存在的条理。不过只主张一切条理都不能没有"外在的根据"，于此仅仅乎说到"根据"为止。这些根据我名之曰"界点"，所以称之为自然界点（不是自然界的点，乃是自然的界点）。我在前作中曾列举原子性连续性等以明这个自然条理，现在我的思想变化了，决定把原子性连续性等之说放弃了，而专言这个外在的界点。我在《多元认识论重述》一文上曾举一个比喻，以明这个界点。譬如有四个点，我们可以就此四点画一个圆形，又可就此四点画一个方形，或画一个X形，所画的各形是我们所造成的，至于这四个点却是固有的与自然的。不过这些界点只是可用名学上"有限变化之原理"（principle of limited variety）去测定他。除此以外，却不能直接辨认出来。因为四个点总是藏在圆形与方形里头的，从来没有单纯地自己存在过。例如橘子是可以吃的，可以拿的，可以嗅的，可以供在桌上的，等等；但你若拿他来当作石头用，去筑屋基，便不成功了。只有在这样的不成功处，乃是碰着了界点。这正和上述的四点只能画成方圆诸形，而不能画成三角形一样。因此须知一切秩序与条理不能纯是主观的产物，属于心的一方面，不能不承认其背后确有客观的根据。不过只是根据罢了，绝对不是客观能如实地现于主观的心中。所以我们可以大胆主张外界确有秩序，不过其秩序不是打成一片的，乃只是疏疏落落若干界点而已。我在前作中列为四个层次，即界点层，感相层，造成者层与解释层。其详见《多元认识论重述》之改正后刊入张菊生先生寿诞纪念册中者（《东方》十九期所载者无之）。这四个层次是互相套合的，没有一个可以离开而独存。关于这些，我希望读者能参阅我的前作，现在不多说了。

就文化与素朴的对立来说，我以为前二层即界点层与感相层是素朴，至于造成者与解释则都是文化。现在恐读者不易明晓，再把后来这两层来说一说。通常我们把造成者与解释都称之为"概念"。前者所谓"普通概念"，例如桌子、椅子、笔、墨、纸等；后者是"理论概念"，如"仁""比率""本体""理性"等。桌与椅不是实有这个东西，乃是我们由经验上造成的。比率与理性亦不是真有这样的东西自存于外界，乃是由于我们的理解而始起的。对于这些概念，我会采取唯用论（Pragmatism）的态度说明之。我以为凡是概念，其功用都在于对付我们自己。详言之，即概念所代表的并不是对象的自身，乃只是我们对于对象的观察，亦就是我们对付他的态度。所以我主张每一个概念，就是我们对于对象的反应态度之一组。须知这些态度，就是所谓文化。照这样说，只有单纯所与的感相与伏在感觉背后的外在界点，是素朴而自然的。此外都是对于素朴有所加于其上，便都在文化范围以内了。则可见我们生活于文化中，正犹鱼生活于水中一样，没有一秒钟离得开。其实这个比喻，亦还不切。须知不但离不开，乃直与文化打成一片。人的一举一动，都是文化在那里暗中支配着。不仅最显著的剪发与穿衣可谓为文化的作用，即运思与观物亦何不然。所以人性不啻由文化而铸成。明白了这一点，便可知哲学是什么了。

哲学就是所谓理论概念。哲学上的问题与一切学说无一不是理论概念（或是关乎理论概念的）。既然概念只是代表我们的态度，则概念的功用亦必只在于能变更我们的态度。换言之，即哲学只能对于文化有作用。这句话的意义无异乎说，倘若有个哲学家自以为能掘发宇宙的秘密，窥见了客观的真际，这个人就是自欺欺人。老实说，哲学家无论费了九牛二虎的力量去探宇宙的险，其结果制成

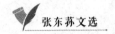

一个宇宙观，而仍然必须殿以一个人生观。古往今来的哲学家很少能避免这样一套的。所以我认为一切形而上学都只是人生哲学的序言，形而上学必须归结到人生哲学乃是极自然的。因为形而上学所讨论的全是理论概念。这些理论概念，诚如卡拿帕所说，是永久不能证实的。无已则惟有回过头来，只好施其作用于自己以及人类。所以宇宙观与人生观是分不开的。换言之，即形而上学在暗中本具有人生哲学的性质，是不必讳言的。我们中国的哲学对于这一点尤为显明。他就直接了当以人生观为中心来解决宇宙问题。总之，哲学的性质若从哲学的功用上来看便可明白。哲学的功用就在于变更文化，因为其本身就是文化。惟有文化可以变更文化（于此所谓变更是只指"开拓"与"修改"而言，没有"无中生有"的意思在内）。在这一点，我的意见可以说是完全相同于马克思（K.Marx）对于哲学的看法了。然而其立论的理由则大不相同。

我始终以为哲学的职务有二个：一个是自觉去干的，一个是不自觉地去做的。自觉的那一个，是所谓追求最后的真实，对于宇宙寻有一个无漏义的说明。不自觉的那一个，就是上文所说的"宇宙观在其本质上就自具有人生哲学作用"，每一个宇宙观在不知不觉中自然而然对于人生观会起很大的作用。因为宇宙观本身是一套理论，亦就是概念，并且是永远无法在对象上证实的概念，自然这些概念的作用，只有回过头来，对于我们对付环境的态度上表现了。我佩服马克思的地方，就在于他能够揭穿这个不自觉的方面。他所说的话，我大部分全不能同意，我不过只佩服他这一点眼光而已。若就我的观点来说，宇宙就没有秘密，我们一生就寻不着最后的真实。因为真属于外界的，在经验上只是所谓界点。此外即为感相。我主张感相不属于物，亦不属于心，是所谓"非存在者"。凡我们向外追求所获得的，其结果乃只成为我们所造的文化。所以不是愈追求愈逼近客观的真际，乃只是愈研究愈推展自己的态度。换言之，即愈追求即愈把已有的文化加以变化，而成为新文化。依然是在文化中翻来翻去打斤斗。好像在如来佛的掌心中一样,总是跳不出去。因为依我的主张,可以变化的只有我们自己的文化,至于真正素朴的外在者(即界点)本无可变化,凡对于素朴而为之加工,都是文化。文化是可以改变的,可以增益的。所以一切理论,其本身既是文化,是可以改正,可以变更。(用旧日的术语来表示,可以说哲学只能祛"惑",而不能有"得"。因为"惑"是文化,惟文化可以改变文化。其结果旧惑去而新惑又起,即出世的佛教本身亦是一种理论,成为出世文化的基型,仍不免于有一种惑之讥。)可见哲学,本身既只是文化,自是亦只能对于文化起作用,决不能对于素朴的自然起作用(即所谓不能有"得")。

<h2 style="text-align:center">六</h2>

哲学既只是文化,岂非哲学就没有真理可言么?这一点又须分别言之。老实说,哲学之为文化,亦无异乎科学之为文化。倘若哲学无真理,则科学必亦无真理,所以不能如此说。不过哲学的真理,确有不同于科学的真理的地方。在上文已说过,科学的研究在于细微与精确,所以科学的真理比较上单纯些。换言之,即异说少些。哲学反之,在于求会通,求整全,求彻底,则自可容许各种不同的观点。所以哲学上总是异说纷纭,不能定于一尊。

我个人对于这一点是采取"型式"(type)之说以解释之。每一个学说而能代表一个型式的都可以永久不磨,因此亦可以说就是真理。特此处所谓真理,与普通所谓真理不甚相同,因为两个相反的真理可以并存。例如多元论与一元论各代表一个型式,所以都不失为真理。唯心论与唯物论亦然。不明此理者往往执一偏见,以为唯物论是真理了以后,唯心论决不能同为真理,其实乃堕于偏见了。所以哲学上必须有"忍容",而特别名之曰"哲学的忍容"。哲学的忍容与普通的忍容颇有不同。普通忍容不过态度谦逊,表示虚心而已,乃只关于态度。哲学忍容不仅关于态度,必须在学理的

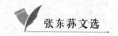

内容承认异说的可能性。

说到这里，我们可以把"真理"一辞不用在单独的一个型式上，则我们可以说若把所有型式总合起来，便可愈逼近于真理了。假定我们采取这个态度，我们便可以哲学史来代替哲学。或换言之，即以历史哲学来代替哲学。我近来颇偏向于这一方面，可以说是完全受了黑格尔（Hegel）的影响。我以前很不喜欢他，但近来愈想便愈发见他的伟大了。我以为他的思想在型式上，乃是一个永久不磨的型式。而他的毛病，亦很大。据我看，他有一个大毛病，就是把哲学当作了历史哲学以后，又立了一个历史哲学之纯粹格式。这个纯粹格式的名之曰名学，而实际历史却只是这些纯粹格式的呈现。我以为他所谓历史哲学，即是我现在所说的文化哲学，亦就是把哲学当作文化来看。这当然是很对的，但却不必另有一个抽象的纯粹格式，来作一切文化上型式的根据。所以在我只要历史哲学，而不要其根基的名学（皆就黑格尔而说）。换言之，即我们只须研究文化上各种型式的次第发生，而不必预先从其纯粹方面假定有若干型式，用以制限将来新型式的出来。所以我之异乎黑格尔，即在于我承认哲学史是无限发展的，并且我以为文化上思想型式是有多数的，可能的，决不能用正反合来制限之。以哲学史来当文化史来讲，亦不过阐明其中的型式如何进展而已，决不能抽出来另成一个形而上学（黑格尔的名学即其形而上学）。黑格尔把哲学变为历史哲学以后，依然又造出一个形而上学来，这乃是他的失败。倘若去掉了纯粹方面，而只留具体的型式的发展史迹，则我们便可把文化人类学与哲学冶于一炉，于是即可发生一个"人类学的哲学"。直言之，即我们不需要黑格尔式的历史哲学，而只可取其对于哲学的看法。我相信真要了解黑格尔，必须知道什么是他的糟粕。敢于去掉他的糟粕，才能真知道他的伟大。我又相信研究康德（Kant）而真能有得的人，必会自然而然倾向于黑格尔，虽然康德是另外一个更伟大的永久不磨型式。我自己以为近来对于他们二个人颇能贯通，本篇亦可以说就是这样思索的结果。

　　以上是就真理的实际而言，至于"个人所信"（personal conviction）却没有关系。你以为唯物论合乎你的脾胃，你尽管可以相信唯物论是真理。反之，你不喜欢唯物论，亦未尝不可。每一个有哲学思想的人，尽可选择一个思想型式去自己安慰。于是便有所谓康德派、休谟派、亚里斯多德派，等等。以个人论，我以为选取一派，亦未尝不是一件可以安心的事。不过就整个儿的哲学史迹来看，真理是不能完全属于一派的。

　　说到此似已很长了，应得来一个短的结论。我以为哲学确实是一个奇怪得很的东西，他看上去似与自然科学相类，其实他的本质却真是与社会科学一样，或可以说是向来与社会科学为邻。他向前追求，而作用却是向后而起。他虽是用分析法又善于怀疑，好像是对于已成的文化加以破坏，但经他破坏的结果却反把文化为之肯定。物理学、生物学、心理学现在都有哲学化的趋势，我希望将来文化人类学亦会趋于哲学化，以证吾说。

一个雏形的哲学

上篇

研究哲学往往有许多问题是常人所视为不必提出的。例如问：现在有一个桌子在此，等到我的眼不看他，我的手不摸他时，这个桌子尚存在么？又例如问：黄色的桌子究竟这个黄色还是桌子所固有呢？还是我所附加于其上呢？这一类的问题在常人必以为没有提出的必要，因为正负的答案都无关于实际。说桌子于无人时尚存在和说桌子于无人时不存在，对于我们使用桌子毫无差别。说黄色是固有的和说黄色是附加的，对于黄色没有变更。所以常人因为这些问题不能直接影响于日常生活，遂轻视哲学。但我们愈研究必知道这些为常人所不屑道的问题乃是哲学的中心；一切人生观宇宙观都是建筑于这些问题的基础上。

我今天提出的问题是甚么呢？请详言之，我们日常说话时对于桌子说桌子，其实即含有"这是桌子"的意思，因为我们日常说话多用省文的语法（elliptical phraseology）。如说"书"，即是"这是书"。所以凡说一件事物必是"这是某事物"的全辞（full proposition）的省略。至于说"天是高的"乃是由"这是天"与"这是高的"两辞合并而成。因此我敢说"这是……"乃是思想的原始方式，或最初方式。我现在提出的问题就是问"这是某"究竟是甚么意味？在哲学上的术语，于"这"名为that或thatness，今译作"这"。"某"即是甲乙丙丁诸物的意思。在哲学的术语为what或whatness，我今译作"何"。这些名词是很重要的，请读者注意。

哲学家尝有"纯粹经验"一个名词。这个名词原指经验的原始状态而言：如我们有时看见火光，绝不辨是甚么，虽有所见却不觉所见是甚么又不觉自己是见者而与所见者相对立。这种状态便是纯粹经验。纯粹经验就是所谓的"这"。这种纯粹经验亦可名为纯粹感觉，是在主客未分与分别未起以前的。大概只有初生的小孩或有这种境地。如初生的小孩一出了胎张眼看见火光，他既不辨这是甚么，并且不觉得自己是看火的主观而火是被看的客观，换言之，即不觉有自己又有火光，而只是一个赤裸的浑朴的纯一的"感"罢了。但我们成年的人们却永无这个境地了。我们看见无论甚么东西都能立刻辨别这是甚么。如我们看见火光，不但立知其为光，并且觉得我在这里看光。所以纯粹经验只在原始的时候，而我们日常生活却都是经验。这个经验状态即是所谓的"何"。所谓"这是某"，即是"这"变为"何"。所以我们的研究就是追问何以"这"变为"何"。如初生的小孩初见了火自然只是一个赤裸的"这"。等到后来他认定这乃是火而不是水。于是便有两种意味：第一，这个赤裸的"这"何以变为火；第二，这个赤裸的"这"何以不变为水。就第一层而言，即不能是水而只是火，则其中似有一个变化开展的方法与途径；我们就要研究这个方法与途径是甚么。就第二层而言，既不能是水而只是火，则其中似有一个必然性隐寓于其中；我们就要研究这个必然性的有无。于是成了两重问题：一是问"这"变为"何"怎样生成；一个问"这"变为"何"有否必然。一个是研究由来；一个是追求规范。但这两重问题非同时解决不能算完全，因为乃是一个东西的两方面，而不能独立分开。今为便利起，先从经验的构成说起。

小孩初次见火，只是一个纯朴的"感"罢了。这个感却在他的机体上烙成一个印象。这个印象的表象等到对象消灭以后，仍然存在，乃隐于记忆的库藏中为记忆的影象。一旦又看见火，以现实的感觉而勾起潜伏的记忆影象。于是以屡屡经验的结果，换言之，即以经验的累积，他乃对于对象有明切的认识。因为他在他的经

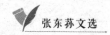

验界已组织成若干系列，凡新经验发生，他便立刻能判定这是归于那一系列中的。所谓认识就是一种判断，勾引各种旧经验以断定当前的新经验是同或是异而明其性质。以上乃是哲学家对于"这"变为"何"的生成问题所下的一种解答。这种解答的根据是（一）经验论；（二）联想论；（三）职能主义的心理学。经验论以为一切事物的认识都由于经验，就是把思想的起源归于印象。所以经验论的正宗必是感觉的经验论。但一切思想既是出于经验，则何以经验变为思想呢，于是经验论不能不取联想论。联想主义以为有两种联想律：一种是类似；一种是接近。如我今天看见火光，就联想起我昨天所看见火光的记忆影象，这便是类似的联想。如我今天看见一个朋友携了一本书，我便联想到照相机，因为我昨天看见他携了一个照相机，这便是接近的联想。因为人类的心理有联想，所以能把率然杂呈的各种经验都组织起来，以成系统。最初只是漫然的经验，后来积而久之即形成有条理的系统。联想论有助于经验论就是在此。但只是此一点，尚为不足。因为联想论只能说明经验所以组织成统系，而未曾说明何以有联想，换言之，即只以联想说明经验的构成而未曾说明联想自身是甚么。于是又不能不求助于职能主义的心理学。职能主义的心理学以为所谓心即是"觉"，乃是生物应境的一种职能。生物为发展其生命计所以要顺适环境；因为要顺适环境所以天生有一种职能，这种职能便是所谓"心"或"觉"。换言之，对于"这"变为"何"的由来问题，先由经验论来解答，说是经验的累积；次由联想心理学来解答，说这个累积是依一定法则（即联想法则）而成的；最后由职能心理学来解答，说这个一定法则是生物因顺适环境而天然生成的。乃因为经验论只说明经验的累积而未能说明累积的方法，于是联想心理学来补充之；联想心理学只说明累积的方法而未能说明方法的由来，于是职能心理学来补充之。可见由经验论而到职能心理学乃是必然的径路。但到了职能心理学则结果产出一个认识不可能论——殊出预料以外。因为职能心理学告诉我们有几件事。第一，我们的感觉是对于同时许多的刺激为选择的受应，如我张开眼睛，虽满屋的东西都在我的视野内，但我却只看见我所要看的几件东西——如朋友的面色和他所携的书籍。视觉如此，听觉更为显然。所以我们必须明白的就是感觉，不是把应有尽有的刺激都印受下来，至于感觉的形相不即是刺激的形相，普遍心理学上早说过了。第二，认识不是单纯智慧的作用，仍是含有情意要素。因为心的活动是不可分的，所以智情意的区分完全是学术上的便利，而实际上却没有各自独立的三样东西。故最初的认识即与兴味有关。我们看见一个桌子，决不是认识这个桌子的全体，我们只是认识其与我们兴味有关的若干属性，我们把这些属性联合起来以当作桌子全体。第三，脑髓的构造既非蓄积印象的机关，又非创造印象的机关，不过专为行动起见抑制无关的记忆而唤起有关的记忆罢了。所以不是一切印象都能变为记忆，否则便没有所谓忘却了。第四，职能心理学最后的贡献是把"心"不认为"体"而只认为"用"。如火发光，火是体而光是用。所以体是真存在，而用是倚附的存在，亦可说不存在。心既是用，则心与物不是对立的两个东西。因此，这派心理学把心认为一种职能（function）而不认为实体（entity）。此区区几点亦足给我们一个感想：就是照这样说，岂非认识是不可能么？诚然！经验论在认识学上推论到这般地步诚可谓已是推车撞壁了。于是唯用论（pragrnatism）便在这个石壁上用金刚钻钻开了一个极小的洞，从这个小洞中漏了一线天光。而我们的论旨亦不能不随唯用论从这个小洞中穿过去。

唯用论所钻穿的小洞是甚么？待我大略说一说。唯用论首先择取真伪的标准来研究。如小孩初见火光，自然只是一个纯朴的"感"，等到他认识这乃是火，则其间便含有一层意思就是：认这是火乃是对了，若认这是水便是错了。对了即是所谓"真"；错了即是所谓"伪"。我们往往对于一物，远看是一个叶，近看是一

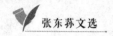

个虫，拿显微镜来看，却是无数的细胞。究竟那一个看法是对呢？所以真伪的问题是很难讲的。对于这个难讲的问题而硬要追究其根底，则只有从追求真伪的标准下手。因为不立标准便没有真伪。须知真伪所以成立是由于先有一个标准，合这个标准即是真，不合便是伪。我们平常并非漫无标准，只是有许多不可靠的标准杂然并呈罢了。现在我们追求最适宜的标准便不能不把旧有各说加一番整理。

如我看见一个东西，你亦看见这个东西，我说这是个马，你说这是个鹿。究竟谁的认识是真呢？其实所谓"马""鹿"都是概念的言语符号。必须加以定义，如马无角，与鹿有角等。但"角"亦是一个言语符号。必须大家都公认这个符号是指这个实物，方为有效。这是论言语与观念的关系。现在把言语还原到观念，真伪的问题乃得鞭辟近里。于是对于上述问题有一个最浅的回答：就是只看你我的认识是谁与原物相合。此即原物合符说。就是以与原物相合与否为标准，合此标准为真，不合便为伪。如原物是马，你的认识是认为鹿，则你的认识便是伪。然而这个标准不能成立。这个道理实在是一语可以道破的。假定世界上只有你一个人，而你又只对这个东西看过一回，你的认识是伪便无从发现。因为你认这个东西为鹿是伪只有两种证明：一种是他人都认这个东西为马，而你独认为鹿，所以你的认识是伪；一种是你后来再认识时觉得不是鹿，所以前回的认识是伪。但这都是由他人的认识或第二回的认识用比较法来证明的。若专就这一回的认识，从其自身讲，仍是绝对辨不出真伪来。于是我们必可恍然大悟而知道凡认识都是一造的官司。如我看见一棵树，我说这是树。这只是我的片面认定，而那树不会给我以证明。好像打官司，而只是原告发言，被告虽站在这里，却始终一言不发。不仅不会说话的树不回答，即能说话的人亦是如此。如我看见一个朋友脸上的痣，我告诉他说"你脸上有一个痣"；他若从未照过镜子，听了我的话，必先质证于镜子方能答我以有无。在表面上他好像是被告，其实他早不是被告，而仍是旁观的第三者。

所以在认识上只是一造的官司，被告始终无言，而发言者只有旁观者第三者或证人。如我看见一棵树，我说这是树，而你在我旁，偏说这不是树乃是一个电杆。好像我是原告，树是被告，但树不会说话，于是你来作证人，证明我控诉错了。在这个官司上既然是被告者不能质证，于是官司的成立与否便全在第三者的证人是否见证一致。换言之，即在认识上被认者既不给以证明，则不得已乃取决于许多认识者的一致。再换言之，即有一物于此，大家都说他是马，他便真是马——即他是马乃成了真的。

既然不能以对象的质证为标准，而以旁观的一致与否为标准，则我们便不能不再研究旁观的一致是否可靠。但我敢说在实际上大家认识绝对一致是没有的：认识只有大概的相同，而没有绝对的一致。最浅的例如月亮，各人看去必是大小不一样，有人看像大盘，有人看像小球。感觉既不人人一致则观念当然亦不能人人一致。所以大家一致与否以定真伪，这个方法只是概率的而不是严格正确的。常人可以取概率的即认为满足，而讲到学问，便不能满足。于是继此而起则有统系调和说。此说以为一观念若与其他相调和而组织成一统系则此观念为真，若与他观念不能调和以组成统系，则此观念便是伪。如你相信人死了可以再投生，这个观念不是单独的；可与甚么地狱观念等相联，便自组成一个统系。你除非否定其全统系，决不能单独否定此一观念。所以问题便由一观念的真伪而移至一统系的真伪，因为许多伪观念，可以组成一个统系。若说这个统系的真伪不妨再以其能否与以外更大的统系相调和为标准而判定。然而若照这样累进的推演，势必使全宇宙间真理只有一个唯一的大统系。但我们这弱小的人类，贫乏的知识，却尚未做到这个顶点。不但未做到，并且是相距太远。我们现在既无法说明这个全宇宙唯一的真理大统系是甚么，则我们于这种统系调和说以外不能不另求一个标准，用以补足这个统系调和说。

新标准是甚么？就是效用。但须先从"证实"（verification）

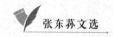

入手：如我看见火，我说这是火，但必有证实方能证明其为火。所以研究真伪的分别必先从"证实"上入手。所谓证实却不是肤浅的感觉印证，乃含有深奥的意味。现在先用浅显的比喻来讲，如我看见光，我以为"这是火"。我下这个判断时，若我立即走开了不再生理会，则我的判断是否真实便无从证实。因为未曾证实，则说我这个认识是错了，亦未尝不可。所以要证实这个判断是不错，我必须走近些，拿这个发光的火来取暖，或拿来烧食物。这便是我驾御（control）这个火。我愈驾御这个东西，便是我愈认识这个东西。换言之。驾御愈熟就是认识愈真。我再说一个例：如一个人生了肺病，科学的医生说是由于一种微菌侵入肺部；而乡下的迷信者说这是由于冲犯天神。若既不服这个医生的药，又不去烧香叩祷，则这两说的真伪便无从证实。若是烧香叩祷了而病依然不好，服了医生的药，把微菌杀死了，病乃渐愈。这岂不是以结果的效用来证实真伪么？诚然，这确是以结果与效用来判分真伪。但"效用"这一个名词我们却须看得很深奥。倘若视为极精深，则必以为效用的实现不是能认识的主观对于所认识的客观为浮浅的利用，而必是能认识的主观直入所认识的客观，以体契而成其认识作用。现在用浅近的例来说明；如医生看病，其实医生看病于初看时未必都有十二分把握，但他初看了下药以后，第二次看时病者已服药了，必呈有许多征候，可以助他的诊断。所以医生看病是每看一次把握深一层，换言之，即认识真一层。所以如此即由于他每次投药有反应给他看。等到病者痊愈了便是一个实现。又如乡下人入城，乡下人在乡间对于城市决想象不出来，等到一上路，一步一步向城里走时，便一步一步的空气与境况不同起来了。然而乡下人初到城里还不能算即完全认识城市是甚么。必等到他住在城中愈久，他对于城市是甚么乃愈得有明切的认识。这几个例虽很浅近，然很可证明认识不是顿时从外面的静观，换言之，即不是静的外观。认识既不是静的外观，当然是动的体验。于是真伪的标准即建立在此：就是能由动的体验而实现的便是真，否则是伪。所以真伪的标准就是效用：效用就是价值的实现。所谓认识亦只是一种实现（realization）罢了。照这样讲来，效用说不是通俗的浮浅的乃是另有一种高深精妙的玄学意味含于其中。我记得柏格森拿"打洞"（canalization）来比拟生物有机体的构成：他说"我以为有机体机括的全体是严正表现有机作用的全体，而有机体机括的部分却不与有机作用的部分相应，因为这个机括不是由总和造成此机括的材料而成，乃是由总合所避弃的障碍物而成：这个机括不是积极的实在，乃是消极的实在。……视的'力'如打洞，而视觉的官器即其所打成的洞"。柏格森这个比喻非常新奇。他以为有机体的机官不是造成的机器，乃是打洞时自然堆积的洞壁。我现在亦想借用这个比喻来说明认识。我以为照唯用论的精义来讲，认识即是"打洞"。打洞这件事从外面看好像有能打与所打。其实从内面看，却是浑一的一动罢了。我现在不用比喻，即举认识作用上的常例，便非常显明。如我看花，当这个刹那间必只是花，未觉得我在这里看花，等到觉得我在这里看花则又是一刹那了，不但又是一刹那，并且这时的认识对象已不是花而是"我看花"。但想到"我在这里看花"时决没有想到"我觉得我想着我在这里看花"。又如我下一个判断，说甲是甲当时我必未觉得我在这里下判断，等到我觉得我在这里下判断，我却又未想到我在这里觉得我在这里下判断。因为第一只是"甲是甲"无所谓下判断，第二方是"我下甲是甲的判断"，第三乃最后成为"我觉得我这里下甲是甲的判断"。这乃是逐退逐观，然而却都是浑一的而不是分开的。所以认识便好像浑一的打洞，在这个浑一的打洞中主观与客观完全体合为一，换言之，这种浑一的打洞便是一个实现。以一个实现来讲，便既不是观念论，又不是实在论，乃是折衷于两说之间：以为认识是主客的合化，既不是如观念论所主张，认识是主观的幻影，又不是如实在论所主张认识是客观的实状。若是主观的幻影便无真伪可言，若是客观的实状又何以能生差误？认识虽不是

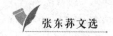

主观的幻影，然客观的实状却亦不可得而知；所可知者只在主观对于客观施以驾御的一点。愈使用客观便是愈认知客观。所谓"知"只在"用"中，换言之，即在"行"中。知既在行中，则行即是知。"行即是知"这句话是非常精深的。如泅水，要知水性非游泳不可，不游泳是永不能知水性的，所以游泳即是知水性。

认识恰如打洞，既已说明了。但这种说明很有一个流弊：就是这样的认识必是只限于当事者本人。如一件皮衣穿在我身上使我暖和，便是我有对他有认识，别人既不穿这件皮衣，即不能认识。照这样说认识不是普遍的。既不能是普遍的，便亦不能是永久的了。所以人称此为相对主义（relativism），但我们日常经验上有许多知识不是相对的：如二加二是四，无论何人都是如此算法。相对主义推到极度势必谓绝对没有公同的"条理"（order或称"秩序"），既没有公同的条理即没有公同的世界，于是归宿到唯我论（solipsism）。照唯我论的主张，必是只有我的世界，我的世界中没有你的成分。我说的话只有我懂，你不能懂。你说的话我亦不能懂。这样便是你的世界究竟有没有，我无从而知：所有的只是我的世界而已。因此便可以说没有世界而只有一个我。如我看出来是一棵树，你看出来不是一棵树，我所见不与你所见相同，或相同而只是偶然的，则世界即变为浑沌（chaos）了。但须知即使我所见不与你相同，但我一次看见以后尚可二次再认识，足见即使只有我的世界而我的世界亦必是有一定的条理，不是浑沌。不然，我所见的只限于一次，这样岂不是我的世界先不能成立么？所以唯我论推到极度势必亦谓没有我的世界。然没有我的世界，又安能有我呢？可见承认我必同时承认我的世界，承认我的世界即是承认有一定的条理。须知认识的最初方式是"这是某"。这个判断在表面似很简单，然而其中即含有条理。因为"这是某"自身即是一个条理。所以认识的成立即是条理的发现。离了认识固无条理；离了条理便不成认识。条理虽有程度不同，然实际上绝对没有"无条理"一境，亦与没有"绝无"（nothing）一样 ——没有"无"的道理柏格森言之甚详。既没有"无条理"即没有浑沌。因为世界的要素与认识的成立都是条理，条理若没有了便没有了，世界亦无从认识。所以条理的种类与程度尽可有别，实际上没有"无条理"一境，无条理即为"绝无"。"绝无"在实际上是没有的。

既有条理。便又有条理的公同。如我昨天看见一个桌子，今天我又看见这个桌子，我便认识是和昨天所见是同一个东西；又如我算二加二是四，你算二加二亦是四，乃至许多人在许多不同的地方与时候算二加二都是四。新实在论对于这个事实下了一种解释。他们以为不仅直接当前的感觉是存在于外界的，并且间接当前的概念亦是存在于外界的。他们对于感觉的实在名为"现有"（existence）；对于概念的实在名为"潜有"（subsistence）。罗素说得好，例如一个桌子，这个桌子不是在感觉上的一个单纯的实体，因为在感觉上没有桌子，而只有眼所见的黄色与手所摸的硬感罢了。不但人人的眼见与手摸不相同，即同一人每回的眼见与手摸亦不相同。所以桌子不是一个单一永恒的实体。这样说，岂非在外界就没有桌子，一如唯心论所讲的么？不然，不然。桌子确是有的；确是存在于外界。不过这个存在乃是由论理的构造而成，即所谓论理的构造体（logical entity）。所以桌子是一个构造物，是复合的而不是单一的。但这个构造物何由构成呢？这派的学者又告诉我们说感觉的实在即是外界的事端；事端以其种种的关系而造成空间与时间的串列。这些关系不论有人去认识与否都是存在的。人去认识这些关系便成论理，其实这些关系即是存在于外界的。总之，新实在论所谓论理即是外界事物的关系所成的条理。但讲到关系，则必有关系者，于是我们要问；若关系者不变而关系可变，岂非在理论上先有关系者而后有关系么？若关系不变而关系者可变，又岂非在理论上先有关系而后有关系者么？若论理是表明关系则其所以能如此必因为关系是实在的。换言之，必是关系不变（即关系有不

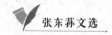

变的若干种）而不关于关系者。则在理论上必是先有关系的空架子而后有关系者的实物填入。于是我们必有一个世界而纯是方式（form）的。照这样说，岂非又入于方式主义了么？总之，因为反对真理是相对的，而竟说条理是外界已成的，未免太过火了。

到了方式主义我们便不能不想起康德的批判论。原来西洋哲学本有两大潮流，一个是心理的，经验的，实在的，一个是论理的，超验的，理想的。康德虽想兼收经验派的长所，但结果仍偏到超验派一方面。在他的《纯粹理性批判》上第一句即说认识虽是与经验俱始但又不是经验所产生的；我以为这句话是通贯康德学说全体。照上面几段的叙述便证明专拿经验是不能说明真伪的判分与条理的公同。康德所谓"有不是经验所产生的"这句话确有道理。他于是乃发见纯粹理性；所谓纯粹理性就是知识的先验方式。康德的学说遂为方式主义（formalism）而以为物的本体是不可知的。但我以为若把这些先验的纯粹方式列为固定的若干种，是必归于失败。后来新康德派的西南派与麻堡派都能见到这一点。麻堡派的柯亨（H.Cohen）主张他的《纯粹认识之伦理学》不是方式的而是实质的（sachlich）。他排斥"所与"而以为思想自身即是"产出的活动"（Tatigkeit des ergeugens selbst），并且"能产即是所产"（Die ergeugung selbst ist das ergeugnis）。乃是把实质与方式打成一片了。西南派的黎卡特（H.Rickert）更从一切方式中而推其最后的根源，以为有一个超越的必然（sollen）。他以为认识的真正客观性便是认识作用在其自身的内容中不得不有所依从。他说主观与客观有三种对待：第一种是以肉身的我为主观而以我的身外占有空间的一切事物为客观以相对待；第二种是以我的精神为主观而以我身及一切有形为客观以相对待；第三种是以认识作用为主观而以即在认识作用的内容中所不得不依从的为客观以相对待。黎卡特以为真正的对待只有第三种，因名为内在的客观性。他以这种内在论的论据证明有超越必然的存在。所以他的格言是"必然先于实然"（ought is prior to is）。他把一切方式归根于一个超越必然的原理。我们从这两派的教训上，便可知必须于方式以外另寻一个原理以说明其由来。

至于说到方式的来源，便又不能不想到柏格森所谓的"生命冲动"（vital impetus）。但他只认生命是本体而以为思想是空灵的，这乃是因为有些哲学家过于重视思想，把思想弄得太呆板空疏了，遂起这样的反动。其实我们离了思想的展化亦找不着生命冲动的历程。生命的发展与思想的发展只是一个。所以思想的成立其自身即是生命。但一班重视生命的哲学家往往在思想以内另觅生命，好像生命是身体而思想是衣裳，总想剥脱衣裳以见天真的肉体。其实乃是大错。须知要在思想以内另觅生命而仍以思想为工具，纵使觅着了亦必仍是思想的所产。所以不如即拿思想自身来研究；我们愈研究必愈知道思想的本身即是生命的作用。离了思想别无生命的表现。照这样说，生命与思想恰如水与流，离了水没有流，而离了流亦不见水。认识的成立就是由浑沦一如的"这"变为条理分明的"何"。由这样分化认识乃立。这个原始的分化乃是条理的基础。但有些哲学家于思想外假定有个盲动的生命意志于静的思想外另立一个动的生命。其实我们的认识既不是静观而我们生活又不能离开认识。我们只可即在认识作用上藉窥生命作用。所以在一方面是生的原动，在他方面是思的开展。我们且用自同律"甲是甲"作一个例证罢。在"甲是甲"中第二个甲不是第一个甲的重复而乃是另一个甲。第一个甲变为第二个甲，就是甲的普遍化。

普遍化亦是客观化（objectification）。那托仆（P.Natorp）一派的哲学家即以为主客的判分即在经验的同一化（identification）的程度：如看见红色以为这是客观的存在，而其实进一层同一化即为光线的振荡，则红色便仍是主观的了。照这样说，主观与客观的区分全是相对的，就在同一化的进行，愈同一化愈是客观化而其反对的方向即是主观。这便是说无所谓主客，而只是一个同一化的程度。客观的成立既是由于同一化，则条理的公同即是由于这个"自同"的

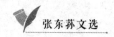

发展，否则若我们所见的东西只是一回；而没有第一回再现。

既然认识是这样开化，则我们的真理便不能是相对的。例如牛顿的力学定律在同一坐标系中是正确的。从另外一个坐标系来观察，却就不对了。这并不是牛顿的真理是相对的。而只是比爱因斯坦的真理范围比较小些罢了。换言之，即不是各不相关互相独立的两个真理，却是两层相套合的一个真理。照这样说，我们的真理观虽是有层次（degree）的，但却不是直线的层次，乃是无穷的统系为无数的互相套合。从这一点上我们便知道我们的宇宙必亦是层层套合的。自从相对论发明了，物理学与哲学上便不生抵触，因为哲学上本不承认唯一的绝对的时间与空间，并且从心理的经验的见地来讲，时间是由事物变化的经验而辨别出来的，空间是由事物杂多的经验而辨别出来的，设若事物无杂多又无变化，则全宇宙只是一个无杂多无变化的东西，势必致空间与时间即无由想象。因此哲学家把广袤与空间又延长与时间，设了严重的区别。所以我们晓得把空间认为均同的绝对的，把时间认为唯一的独立的，这本是物理学家的妄拟，只在常识上承认罢了。哲学家始终没有完全承认这种见解。现在相对论出世此说自倒。不过相对论对于哲学却另有一个贡献：就是把空间与时间凝合为一，闵柯斯基（Minkowski）有名言曰："于是单空间单时间都成了幻影，惟空时的结合乃为独立的存在。"空间与时间的凝合即是说某空间在某时间，不会另在一时间，某时间在某空间不会另在一空间。我们既知道惟空时凝合始为存在，则我们便在其合一的一点上窥破空间与时间的底蕴。空时的底蕴是甚么？质言之，即不是空间与时间，只是一个"扩"。空间是扩张的系列；时间是扩延的系列。只有这一个"扩"而已。本无空间与时间；空间的系列与时间的系列都是由这个根本的扩而分化以成。我们便知道不是先有空间而后事物在空间上铺张，不是先有时间而后事物在时间上顺延。照这样说，空间与时间都不是最后的。则他们在本体论上便不能和在认识论上两样了。

　　总之，经验既是唯一的资料，我们只能对于"经验"其自身下研究，换言之，即我们研究的唯一对象即是"经验"其物。然则我们怎样研究经验呢？这亦很容易。就是研究经验是如何成立的。我以为说明经验的成立必从其原始状态为出发点。亦就是"纯粹经验何以化为经验"的问题。原来一切经验的原始只是感觉，这是常人所公认的。如我看见一个瓶子，我所以能知道这是一个瓶子必是由我最初有种种感觉，如"白的""硬的"等。于是有人主张把一切经验还元到感觉的印象。但各各感觉的印象是只有一回的如何能综合呢？如我们自从小孩子初生出来的时候，第一次看见"白"，何以第二次看见"白"，便认得是与第一次相同？况实际上第二次的白并不与第一次绝对相同。若说第二次看见"白"并不知道与第一次相同，则经验的累积便根本破坏了。可见第二次看见"白"即认得与第一次相同至少必有两个条件：（甲）第一次的"白"必由现实的感而余留为潜存的印象；（乙）必有记忆的唤起能力把潜存的印象唤起。照这样说，岂非经验的起始即不是仅由于感觉一种要素，换言之，即于感觉这种要素以外，尚有同等重要的他种要素，如记忆及影象。经验的开始既不由于单纯的感觉，则可见凡单纯的感觉都附有认识的知觉，可以说一个是感而不觉，一个知而不感。如从经验了许多瓶子可生出一个抽象的"瓶子"概念来，但从"白的""硬的"等等感觉则生不出一个"瓶子"知觉来。乃是认识的知觉（perception）。所以我以为不讲认识则已，若要讲必须以这种知觉为起点而不能以官感为起点。

　　心理学家告诉我们说感觉是限于感官的机括，这种官器是由纤维的神经所组成的连锁，对于外来的刺激有特别的理化作用。如眼是专限于应接光线的，由于有网膜；光线刺激其上立呈一种理化作用。至于生物何以要专设几个特别官器以应外界的刺激，则解剖生理学不能说明而只好求助于生物进化论了。进化论中生机派必以为生物为发展其生命计乃特创这些接受机关专迎收外界某种刺激。

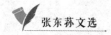

足见官感只是理化作用的机括，于认识并无所得。不仅此，凡官感都是与动作相关的，原来一接一应，一收一施，乃是一个连锁而不可分的，所以感觉总是即觉即动，照这样说，可见感觉在静观的认识上并无贡献，而只是一个唤发动作的引子罢了。如我们看见远处有一片绿色，立刻知道这是树林。但这个感知决不是仅由绿色官感一种要素而组成，因为在构成这个感知的各种成分中绿色官感不过只是其一部分罢了，所以我们只能说树林的知觉由绿色的官感而唤发，但不能说树林的知觉全由绿色的官感以构成。于是又有人说知觉虽不即是官感，然而却是官感所得的许多感性（sensible quality）结成的一簇，如"瓶子"的知觉便是一簇"白""硬"等感性而已。这乃是心理学上的通说。并且说这些感性所以聚成一簇是因于各感官的神经末端辐辏于一个中枢，故能造成一个知觉。这些话在我则认为没有把知觉与官感的关系说得明白。我们看见一个瓶子即在初次亦决不是仅仅"白""硬"等感性而已，因为"白""硬"等感性相同的地方甚多，如一块玉，亦是"白""硬"等感性一簇。所以知觉的成分苟分析开来必发见于种种官感成分以外尚有一个成分，就是意谓（meaning）。意谓是使知觉所以异于官感的标准点。于是我们便知道知觉决不是仅由感觉而产生，因为意谓不是感觉所创造，而自有独立的起源。认识的原始既是知觉，知觉的中心又既是意谓，则我们研究的主题当然是意谓。要阐明意谓的真谛，必破除两种误会。须知意谓往往被人误认为趣味，便弄得太狭了。其实如问太阳很亮么，而答道是。这种"是"或"非"的判断便是意谓。须知伦理完全是由于意谓而成立。不是先有伦理而后有意谓，乃是先有意谓而后有伦理。我为避免把意谓限于趣味起见，所以不用"意味"字样而用"意谓"字样。这是一个意思，还有一个意思就是人们往往认趣味是主观的。现在表明意谓不是趣味亦就是要说明意谓不是主观的。如我们看见一个瓶子而有瓶子这个知觉，当时却只是瓶子，后来想到我看，方增加一个我于其上，所以主客的判分乃是后起的。意谓即存在于认识自身中。

照此说，则我们便可有下列的主张：对于认识的起源可以说由于经验而不成于经验；对于认识的所对可以说不是超越的实在而是内在的实在；至于认识的可能则更可说是一种的实现。

以上所述，虽已表示轮廓，然仍恐说明过多，转使读者不易摸着要点。故特更为简括的结论如下：

一、思维与认识即是表现生命（Knowing is living）。

这句话的意思是主张认知作用的历程就是生活历程的表现。因为认识作用的中心是意谓。意谓乃是一种综合。而这种综合的创造正所以表示生命的活动，所以思维与认知在本身上就是生命的表现。我们要知道生命是甚么止须看思维与认知的性质便可，而不必拨开他另求之。

二、认识上所现的条理是好像打洞时所打成的洞壁。

这句话的意思是主张认知作用虽是对于其所对为之辨别规定，但其为事是主客交互成，就是最初认知作用以其本身的方式来规范所对，而后来可以所对而修正其方式。所以不是专靠先天的格式；亦不是专靠后天的经验，乃是以先天的格式左右后天的经验；更以后天的经验改良先天的格式而已。这样的主客交互作用，其所成行殆如打洞时所打成的洞壁。

三、认识上条理的存在是由于认知本身；而条理所以有共同性则因为认识本身自己有自同律。

这句话的意思是主张我们的"心"本来是一种秩序化的作用。所以秩序即本来宿于其中。至于秩序所以为共同乃是由于秩序自身的固定化。所以我们所论的认识作用不是指各别个人的，乃是普泛而言之，即康德所谓consciousness überhaupt便是。

四、根据上述的认识论，使我们知道这种认知作用本身即是以表示宇宙本体。

这句话的意思是主张我们的认知作用，从其本身上研究，便可知其即为本体的开展。换言之，即从认知作用一点上我们能窥见宇宙的秘密。认知是一层一层地开展，一层一层地统摄。统摄一步便开展一步；开展一层便统摄一层。这样的进历正足以表示宇宙的性质。所以我们研究认识论即可推知本体论。

五、总之，宇宙并无总体，乃是无数结构的总称；而心的作用就是参与这种结构的构成又为结构的构成时的表现。

这句话的意思是主张宇宙只是无数空架的结构在那里套合于一起而进展着，"心"亦就是所以使结构而架成；又所以使结构为表现。就前者而言，是心的动力；就后者而言，是心的摄力。由摄而成普遍；由动而成各别。所以心有两方面。一方面是顺着所对的结构而施以统摄，此可谓为纯粹认识；一方面是本于自身的结构而发为推动，此可谓为纯粹精神，此两方面是同时并具而不能分开的。实际上没有纯粹认识，亦没有纯粹精神。而只有二者的混合。所以我们于认识所对时即是自己实现。一层认识真切，便是所对与主观更融化一层。但这种主张并不是唯心论，乃仍是有实在论的意味在内，不过把实在不认为十分固定的罢了。虽不固定然仍有错误的可能。可见实在还是有必然性，不是可随便的。总之，我们这种认识论是以认识表明生命的开展，而于本体论上便可以生命的开展说明宇宙间各层的架构的构成。以与印度思想相比较，我此说正是他们所斥的生灭界与幻现。我认这个幻现正是生命的本相。出世思想要把幻相还真；而我的主张则要把幻现使得更复杂更丰富。我以为宇宙只是空架的结构，不过这种空的架构可以进化，于是由简而至繁，由散而至紧，由松而至密。所谓进化不过是幻相加富而已。这种样子是有心的力量参与其间。所以不是纯粹的自然主义。而认识作用就是一个例证。我们因研究认知作用便可藉以窥见此理。

下篇

我心目中常有一种以为可取的宇宙观。我久想作一篇出来，而无奈我自知学识还是不够，所以迟迟未敢下笔，今天姑放胆来说一说，藉此用以整理我自己的思想。

所谓宇宙便是森罗万象的总称，而所谓森罗万象便是我们目所见耳所闻身所触的。我们于这些所接的若一一分别研究起来，未免太麻烦了。但我们又要研究，于是不能不想一个简便的法子。这个法子就是归类。把相似的归为一类。于是我们研究其中的一件便可推知此类中的其他。所以学术的初步工夫就是归类与概括。类的分别是由概括而成。

科学的初起亦止是分类，但科学的概括至某程度而止，未达顶点。例如水中长的草与陆上生的树归在一类，名曰植物；又把生根于土中的与走行于地上的再归为一类，曰生物，他的概括大概至此而止。不过哲学却亦以为万万不够。哲学必须把概括推到极端，非使其至无可概括不肯罢休。哲学努力于概括的成绩，就普通所得的结果，先得着数项，就是：物质，心意，生命，以及空间与时间。这几项在哲学还认为未到最高级；他还要努力再概括成一项或二项而后已。所以有的哲学家把空时纳入物质中，而认为是其属性，这便是又减去二项了。有的哲学家以为心只是物的副产品，于是又减去一项。反之，有人主张物只是心的外象，则物便失去其独立性不能成为一项了。总之，哲学家对于几项有种种的安排，不过他们的安排都没有十分妥当，所以迄今争论不休。

现在请即顺着这几项来讨论一下。第一，所谓"物"究竟是甚么？须知普通我们所谓物，即是我们所看见的。但我们所看见的是颜色，所摸触的是形样。这些都是物的"性质"。可见离了物的

性质便没有所谓物。而物的概念中所包有的特征亦就是这些性质。于是我们便应研究物的性质。物有一类的性质如颜色与味道等，是依着感觉的人的主观而变的，所以有人主张是不属于物的本身，因此我们且不说他。还有一类的性质如大小与方圆，有人亦说与前一类差不多，不能即断定是物的本相。于是我们对于物的知识便由直接的感觉而移到间接的推测了，因为感觉所得无一是物的本相，反不及推测来得可靠些，我们所推测的就是物的容积，物的质量，物的速度等等。凡此，我们都可用数学来推算。可见我们关于物而真有所知，乃不过只是若干数学方式而已。因为这些数学方式能引导我们对于外物有所左右，所以我们便认这些数学方式有得于外物真际。我们如不相信他，以为这间接的，而想诉诸直接，其结果势必依据感觉，反而更不可靠了。于是我们知道所谓物，不是在感觉上的，乃在所谓物理学上的。而物理学上所谓物却只是一套关于质量速度等的数学公式而已。论至此，我们可以归结一句：就是我们所知的只是物理（physical law 即物的法则）而不是物的本身（things-in-themselves）。

我们怎样以知这些物理呢？这些物的理法究竟是什么呢？这种问题亦很容易答复，须知所谓物理只是物与物间的互相关系，换言之，物的相关共变。至于我们怎样以知之，则不外乎我们自立一个标准，用以衡量此物与彼物的相差，再以此相差移用于其他诸物，于是便因此而得知一切。照这样说，岂非我们的标准是杜撰的么？所得的结果未必可靠么？却又不然。老实说，我们这样定立标准以衡量外物其可靠的程度决不在用官觉以感接外物以下。于是我们的讨论应分两项：即一为这样的抽象方式在客观界究竟有何等地位；二为具体的官觉在客观界亦究竟有无地位。

伯克莱说远看是白烟的，而近看却变了灰尘。可见官觉是在外界没有客观的地位。近来新实在论却大反此说，他们以为每一个感觉都是一个中立的材料。于是不名曰感觉（sensation）而名曰"感相"（sensa）。感相是存在于客观的。这种极端的实在论实使我们惊奇。但著者个人总觉得这种感相论不能成立。因为若是无数的感相，个个都是客观的地位，则我们用以说明这个世界的秩序必反较常识为不便利。我因此遂相信德兰克（Drake）的主张，把感觉只认为是一种"浑括"（fusion或confusion）。甚么是浑括呢？最浅近切实的例，如我们把红色的纸与绿色的纸合成一片而回旋起来，我们必定看去完全是紫色的；或从远处看亦可变为紫色的。我们普通所看见的红色与绿色难道不亦和这个紫色是一样么？我们官觉的所得是这样的一种"浑括"，且这个浑括的自身又自成一物，乃是另外一个东西。德兰克承认这个浑括的所对的真相是无数极微的东西。我则以为这种极微说仍是由科学上推测而知。先由外物界的极微而推到官觉界的浑括不免有倒因为果的嫌疑。老实说外界的物是否极微，我们不可过于速断。所以在方法论上，我们对于外物是以暂时采用不可知论（即存疑主义）为比较妥当。这便是我与德兰克不同的所在。因此德兰克的浑括是顾名思义的真浑括；而我所谓浑括则只注重在其另自成一个东西。这个另自成一个东西，我名之曰符号（symbol），这就是我的感觉符号论。此说亦非自我作古。近来有所谓sensation as sign以及sensation as symbol等字样，皆表示同一的趋向。因为近来心理学家几无不知感觉决不是和照像一样，如实地把所对映写下来。感觉的性质既然弄明白了，则对于知觉概念便可没有误解。

于是我们便应论到抽象的方式了。抽象的方式是本来存于客观的外界，由我们好像发见矿苗一样去发见么？还是我们自己所擅造的呢？这个问题固是一个极重要且最根本的问题，但一万年亦打不清这个笔墨官司。我们若求助于实验心理学，而实验心理学又不能给以充分的证据。所以近来于心理学以外，另起了一种新学科，曰现象学（phenoinenology这是德国大哲学家呼塞尔Edmund Husserl所创立的）。其实就是专研究"所对"的——在认识中的所对

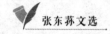

（object-in-consciousness）。在认识中发见认识的所对是有独立的理法。于是便分而为三：曰能认识的主观；曰所认识的客观；曰在认识中的"内蕴"（essence）。呼塞尔以为内蕴可由直觉而得，故名之曰wesensersch-auung。而美国新出的所谓批评的实在论却亦取这种三分法。我个人的意思以为三分法是对的，我们主观对于外界客观虽可有所知，但千万不可即把外界客观等于认知内容。因为外界客观是一种存在，而认知内容又是一种存在，两者的全体是不相等的。——或许有一部分相等，但这还是照实在论来说的，若照唯象论则并此亦无之。不过承认这个三分法以后，这第三个究竟是甚么却大费研究了。呼塞尔所谓 wesen，桑他耶那（G.Santayana）所谓 essence，其实，就是柏拉图所谓 idea（此字我曾译为"理型"），我再三推敲，觉得这样的东西颇为费解。他们又说是共相，是方式，但我总觉得这样研究下去势必愈陷入迷阵。所以我的意思以为我对于知识应取一种见地。我名此见地曰生物中心说（biocentric view）。就是我们的知识不是神的知识，更不是超人的知识，亦不似照像机那样的物与物的关系。因为我们是生物，所以我们对于认知外物，先有若干根本的格式。这些格式的性质是根据于生物的性质的。但我们却不专靠这些原始的格式，必须拿这些格式来加以混合与锻炼，这便是主观的方式与客观的外物交互而作用。既经交互以后，我们便很难分得出哪一个是纯粹方式，哪一个是纯粹客观。康德把知识分为方式与材料两方面原是有道理的：方式是内界的格式，而材料是外界的客观。因此我主张我们对于外界的认识不是写照，乃是先以自己的格式吸取外界的材料，然后再变化自己的格式以应付客观的实际，于是格式愈变化而愈复杂，其与客观相交织乃亦愈密切。所以极端的实在论是不可取的，而极端的意象论亦同样不可取。因为他们同坐一弊，就是他们都把内心和外界认为是既成的与不变的。因依实在论说，是把外界如实地写映下来；而照意象论说，是内心与外物并无交涉。我则以为不然。我们尽管把知识使其具有"内的"性质，但对于知识的所得却不用怀疑。用比喻来说，我们尽管是闭门造车，然而却决不妨于出门合辙。再换言之，我们尽管好像庖丁解牛，然而却竟刀刀都中其关节，遂至于目无全牛。所以知识的性质与知识的结果不必混为一谈。

现在请将"认知"的讨论作一个小结束。就是我们讨论"物"是甚么必先讨论我们如何以认知物，对于物的认知已经讨论一些了。其结果是：对于物的本身，我们是不能知的；而我所知只是关于物与物间的相关的条理；并且这个关于物理的知识却又不是纯粹的写实，乃是我们用了自己的内范而作用于外界上互相交织以演成的，但其结果却并非不可靠。因此我们对于现在科学所研究的关于物理的所得成绩都须得认为有价值而不必怀疑。我这种认识论可以说是一种温和的意象论，因为其中把实在论的要素吸收在内，所以又可以说是一种温和的实在论。

此种主张，读者当可看出其中实有一个要点，就是：既然知识的所得不因知识的性质而有亏，则必是知觉比感觉可贵；概念比知觉更可贵。总括言之，即间接知识反比直接知识来得有价值。从一点上说，我虽有许多地方赞成杜威一流的唯用论，而独于其崇拜直接知识一端不敢苟同。总之，官觉与概念虽在客观界本来都没甚么地位，而概念却反得位于感觉以上。

至于普通人所以注重直接知识的缘故不外以知觉与照像相比拟。即大哲学家罗素亦不能免于此弊。须知照像的摄影与我们眼帘的映景固然极相同，但我们却有时，心不在焉，视而不见，足见"视"与"见"仍是两件事。于是我们只能说照像机器在那里视，却决不能说照像机器有所见。换言之，即我们只能说照像机器有所受，我们不能说照像机器有所知。以穆耿（L.Morgan）的话来说，照像机器只有infer 而没有refer。所以只可谓其有接而不可谓其有觉。因此须知不可把知与感混而为一。对于感，以物理的见解来说明原无不可；而对于知则不能这样办理。"知"这样东西原是一个

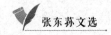

极特别的东西。

我们讨论"物"必先明白所以辨别物的"知"。对于知已略略讨论了，虽有所余容于讨论"心"时再说罢。现在我们应仍回到"物"。但此所谓物乃只是科学所告诉我们的，换言之，即科学所得的物性。

科学告诉我们说，所谓物是由电子组成的。他的空间不像我们常识所见的那样只有长广厚三个度量，乃却把时间收作第四度量。物理学研究到这里虽没有把我们通常所见的物质化为无有，却亦几乎完全变成另一个东西。究竟还是哪一种可靠呢？我不敢说别的，而只敢说所谓电子并不是我们亲眼看见的，乃是由数学来推定的。数理的推测有时固以经验来作根据，而其可靠性则全在其自身的论理统系。物理学以这种数理逻辑为工具，其所得并不是关于物的实质，乃只是关于物的关系。所以我们从这一点上讲来，千万不把电子即当为一个实在的质体；须知电子只是为测算上计，于物的关系中所假定的一个单位。他是离了关系，不能单独作一个实体的。不独电子为然，凡物理学上的所谓"力"（energy）所谓"质量"等都只是一个常定的比例的符号。我们要明白这个道理，必须改变普通心理。我们的普通心理是为亚里斯多德的论理式所封蔽。亚里斯多德的论理式总是主辞加谓语。如狗吠：则"狗"是主辞而"吠"是谓语。因主辞加谓语遂一转而为实体加形容。以为狗是实体而吠是形容。于是我们的思想于无形中为他所支配得很牢。总以为凡是行动与状态都是形容；而于形容背后有一个实体。其实这个在形容后面的实体乃完全是一个假定。何以必须如此假定呢？有人说这样假定于理会事物时颇为便利。便利即是近于真实。凡有用的假定不啻即为真理。然而此说亦不尽然。须知我们于形容背后认有实体固是为思想的便利，但这种便利只是一种习惯。因为我们于不知不觉中经过几百年的训练，遂把我们的思路完全与亚里斯多德式的名学法则契合为一了。这乃是教育的结果——所谓教育是广义的：包括胎教与风俗，等等。假使我们换了一套名学公式，训练我们的思路，久而久之则我们必可即用这副新名学法则来思索而毫不踌躇。所以我们不能因为这种实体的假定便利于思维而遂认为近乎真际——这只是思路上因习惯而成的惰性罢了。但现在有了新论理了。这一套新名学公式是把"狗吠"等于a+b。须知a加b是：a是一个独立的东西而b亦是一个独立的东西，二者相加就是这两个东西发生了关系；如果狗吠等于a加b则于不啻是狗与吠发生关系而已。所以照旧式论理的解释应如：狗→吠。而照新式论理，则图表起来必定是：狗R吠。狗与吠既是平列的，便是表示没有体用的不同。至于R乃是关系的符号，等于加号减号。这样的新论理，重要点即在废除形容背后的实体而仅讲究形容与形容的关系。所以狗吠，其实是用不着狗，只有吠亦就够了。因为我们听见吠声而推想到狗——这个狗只是摇尾，吐舌，肥耳，短胫，四足等等的总名词而已。把"吠"与"狗"生关系直无异于"吠"与"摇尾""吐舌"等等生关系。所以只要有"吠""摇尾""吐舌""四足"等等就够了，不必有"狗"。因为这些在一定的结构之下关联在一起自然是狗了。这便是这种新式的名学了。我们苟能用这种新论理把思路练熟了，必定亦觉得没有甚么不便。把所有的事物都平列起来，不分主从与体用。好像一个大纲，有许多的丝把这些结子联络起来。我们不能说丝是谓语，而结是主辞；丝是虚的而结是实的；丝是形式而结是质体。既是没有了实质与虚式的分别，则所有物理学上的固定东西，如力，如电子，如原子，如质量等，我们都可以用新论理的眼光看，而不当作是一种实在质体的存在，而只认为是一种恒常关系的存在。这一点既弄明白了，我们方可讨论下去。

恒常关系的测定虽不表示有一种实质在其背后，却表示这种关系是一种构造。所谓构造，亦称结构，即是英文的 structure，其实亦就是配列（arrangment）。我因为要使意义更显明起见，又改译为"架构"。

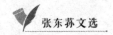

架构是甚么呢？我现在用极浅的比喻来说：好像我们中国的字，往往有部分绝对相同而位置不同便成截然两字的，如"杳"与"東"，如"枷"与"架"，如"愁"与"愀"等举不胜举。杳与東都是由"日"与"木"合成的，枷与架都是由"加"与"木"合成的。但杳是日在木下，而東是日在木中；枷是加在木旁，而架是加在木上。可见两者意思的不同不在其质料而只在配列。更可见质料尽管相同，而只要配置不同便成了两样东西。科学上首发见这个架构原则的是化学。化学上有所谓"同质异物"，如炭与黑铅及金刚钻，都是由碳素组成的，而只因其分子的配列不同，遂成截然不相类的三物。后来电学继起，亦是注重这个概念。近来科学全部可算为架构原理所占领完了。把原素的原子的不同认为止是由于其中所有的电子的数目不同与其轨道的配列不同。有时其中的电子破壁而飞，不同的原子竟会相同了。不仅物质只是架构的变化而已，并且空时亦只是架构。自相对论出世，把绝对的空间与时间打破，于是空间与时间的概念根本上变了性质。原来空时好像是实在的，只是因为其有绝对性；若把其绝对性去了，自不能当作一种实体来看待了。

物质与空间及时间只是架构，已说明了。并且须知并不是物质为一个架构，空间为一个架构，时间又为一个架构；而乃是物质空间时间只是一个架构。于是我们的问题便变了：这个架构的客观性究竟如何。照上文所言，我们所以能知物理世界，不过是知道物质的速率、质量、惰性以及密度等等而已，乃只是由于数理的推算。而推算的根据又不外是名学法则，所以我们不敢说我们所得的这个架构，其客观性是十分完全的。但虽如此，我们就浅近的例来说，如今有十人于此，对于同一的桌子自种种方面来看，自然是各人所见不同，不过我们却可就各人不见的所见中而推定其必为同一的桌子并非无数的桌子。所以我们对于由数理所推定的架构不能不认其有高度的客观性——且较由感觉而得的为高。因此我们可以断言，关于外物，我们不能知其内性，但能知其关系，而此关系却是一种比较固定的架构。若我们暂假定物质并无内性，而止是架构，则我们已可谓知道外物了。并且这个架构是具客观性，至少对于认识的主观是有些中立的，从这一点讲，我则赞成实在论。近来学者对于物的内容多偏向于唯心论，对于物的架构（即关系）多偏向于实在论，想亦因此。

物是甚么既已解释完了，现在轮到讨论"生"了。"生"即生命究竟是甚么呢？须知生命没有不是依托于生物的，所以"生命"与"生物"直是一个意思。我们要知道生物之所以为生物必先明白生物与非生物的比较，换言之，即有机体与无机体的比较。据生物学者的通说，以为生物之异于无生物大概可以说有三四点。第一是所谓组织，即生物体内有性质不同的部分互相合成一个机体。例如我们的人身有脑，有肺，有胃，有心，有足，有手，有目；各有各的构造，绝不相同；各有各的职司，绝不相同，而竟相合作，成为一体。第二是所谓职司，如目司视，耳司听，胃司消化，足司行动；质言之，即有一个机官必有一个用处。第三是发育，如一个活的细胞自己可以长大并化为两个细胞。此外第四可以说是应付环境。因为凡生物无一不是对于其环境在那里不断地应付：或吸收环境的潜力以便支持自己；或抵抗环境的变化以维持自己。总之，是在那里连续不断地努力。凡此几项特征不仅见于复杂的生物体，如猫，狗，人等，即简单的生物体，如细胞，亦都是如此。但须知这些特征却并不能十二分严格。例如无生物的结晶体即是有组织的。胶质物更有复杂的组织，其吸收作用更类乎生命。是以近来胶质化学大为学者所注意，甚至于谓生命即由胶质中进化而出。其说虽在今天尚不能充分证明，而仅为一种推想，然要其似有可能之迹当亦不诬。总之，无论如何，必可见所谓生命并非物质以外的另一种东西，乃即是物质（此物质仅为架构并非实质）的结构复杂至某程度后所突现的一种新性质。

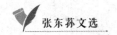

　　我这样说岂不是好像偏于机械论么？以为用物理学化学可以解释生命么？近来生物学很发达，而大多数生物学者都主张生命是不能用物理化学来说明的。其所说自是十分有理。我亦十分相信。不过生命不能用物理化学来解释是一件事，而主张生物是有"生机"，生机是一种特别的东西，则又是一件事；二者尚不可并为一谈。我是赞成生物现象不能用物理化学来说明，但却不赞成主张有一个神秘的生机。因为我们在生物学的方法论，实不见有假定生机的必要。换言之，就是假定了生机，而对于我们研究生活现象并无多大帮助。所以生机论只是一种玄学上的假想，在科学上没有用处。用奥康剃刀的办法，凡不必要的不必假设，则我们暂时不主张有所谓生机，原无不可。

　　至于说到物理化学不能解释生命，其故在甚么地方似亦甚明显。须知物理化学只是我们对于物的一种测量（measurement）。我们对于物只能测量其若干方面（如质量与速率等）。我们这样测量以后自以为已经知道物的性质了。殊不知我们这种测量法原是有限的。拿了这种测量法而施用别处自有些扞格不入。其所以凿枘不入的缘故亦并没有别的。只因为物理学所用的测量法只有几个范畴，即所谓机械论的范畴：而以此用以测定生物却不够用了，必须于这些范畴以外另添些新范畴，更详细言之，如无生物，大概可说是纯素的（homogeneous），而生物是驳杂的（heterogeneous）；无生物没有甚么通体相关；没有甚么各部倚存，而生物则牵一发而动全身，去其一部而全体即死。即此足见无生物之为架构，可以说是一种比较单纯的架构，而生物之为架构乃是更综合一层更复杂一层更交互一层更精密一层的一种架构；对于单纯的架构而言，便可说是另外一种。我们于此可以结论曰：我们对于外物的测量法，即物理学的机械论，只能对付单纯的架构，一至复杂的架构便大感不够用，必须另添设若干新范畴。这些新范畴如"通体相关"，如"发展的可能性"，如"机体与作用交相倚靠"，如"自己支持"等等以视无生物的范畴，如速率，密度，质量，惰性等迥乎不同。但无生物的范畴对于生物却并非绝不适用，依然还是可用。不过说明生物时须以生物的范畴为先，有时且须拿生物的范畴去左右无生物的范畴。所以说明生物时，生物的范畴居第一等重要，而无生物的范畴反居第二等地位。

　　"生"已经略略讲完，请接着讲"心"，至于生与心的关系亦当讲一讲。甚么是心？其实极容易说却又极难说。因为我们没有一个人不知道自己的心的。我们当下在这里觉着就是所谓心。所以可以说"心"即是"觉"。在英文是awareness，此字与consciousness可算相同。而所谓觉亦就是"醒觉"的意思。如我们睡着了，可以说是"无心"的状态（无心即是"不觉"），迨至一醒，不但觉得天气晴和，且自己觉得是卧在床上，又觉得应该立刻起来。凡这些"觉"就是所谓心。若是一个无心的物，那便没有甚么觉着了。譬如一块石头从山上滚下来，他的动亦和人的走相似。但我们因为用了种种比拟与推测，可以说石头的滚似乎自己没有觉着他自己在那里滚；而人的走则是自己觉着自己在那里走。这便是有心与无心的区别。"觉"若说得重些即是"自觉"。觉与自觉只是程度稍稍差别罢了。有时朦胧地觉着；有时亲切地觉着；有时反复想来想去地觉着；有时并觉着自己是在那里觉着。其实只是一个觉着而已，不过有深浅轻重之别。但普通人往往把"觉"即认为"我"。这亦是由于犯了亚里斯多德的旧式名学的弊病。我们以为"觉"不能去我，必定是"我"方能去觉。以觉是作用，不是实体，而我是实体。其实我们若突破了这个思想的痼习，我们便可以不必假定一个"我"在"觉"的背后，而即只是觉而已。所以我们不必于讨论"心"时而牵涉到"我"。须知"我"是一个神秘的实体，而心则是很平易的现象，无论如何决不能否认"心"的存在，换言之，即无论何人决不能不承认世界上确有这种所谓"觉"的现象。如说没有觉，则我拿一个花瓶给你看，你必定非但不觉得是甚么东西，并

且必是一无所觉。这样则你完全是等于一块顽石了.有心的物与有生的物所以异于无机物的分别必亦没有了。所以"心"的现象极平易的极浅显的。完全是事实，并非理论。凡想否认"心"的都是欢喜故作惊人之论的人。而殊不知他们的惊人之论就是因为他们有心有觉有思想而才会成功；若他们没有心没有觉没有思想则此惊人之论亦必早就没有了。所以近来的行动派心理学想把mind一字摒弃不用或有可说，乃并想把 consciousness 一字亦摒弃不用，未免太过分了，而其结果只有再立一个新字以为代替，因为现象如故，无法取消。遂至变为名辞的争论，无甚价值。

不过行动派却不是这样容易折服的，他们亦有其立脚点。他们想完全以刺激与反应来说明一切心的作用。说到后来，他们却不敢主张一个殊特的刺激唤起一个殊特的反应，而只好主张有机体是全体去反应的。果真反应不能由部分去办理，必须生物的有机全体来从事于此，则行动派不啻已示人以让步了。因为他们的工具虽是观察，而仍离不了分析。若自知分析不够用，必须加以综合，则显然告诉我们说解释心的现象仅靠生理学上的几个范畴是不够用了。行动派若把心理降到生物，以为生的现象非理化法则所能说明，这还可原谅。无如不然，他们是彻底的唯物论者：一方面务必把心的现象使其尽等于"生"的活动而后已，他方面却又务必把生的活动完全由理化的法则以说明之。所以他们不是把心理学降服于生物学乃是使其降服于生理学——此从物理化学方面解释生命现象的。因此我们以为行动派自以为其态度是科学的，其实却由于误会科学与唯物论为一。我现在不必攻击行动派，因为即照他们的主张则心的现象亦必是比生的现象物更进一层复杂，更进一层交互，更进一层综合。凡说明生命的范畴苟尽用于心灵，必还嫌不够。于是我们不得不添上些新范畴。其中最显明的莫如所谓"摄"。例如"我知此山比那山高"，"他觉我对你说话"，"你懂得孔子困于陈蔡"。须知此山与那山相比是一件事，我对你说话是一件事，孔子困于陈蔡是一件事。这样事，其中含有两项，如此山与那山，我与你，孔子与陈蔡。这些相对的两项都是直接相关的，并不依赖第三者，而自成一件"事"。但这件事却可完全收在我心里。这便是所谓摄。孔子困于陈蔡是几千年前的事。但亦可以摄在你心里。须知这样的"摄"完全是一种特别作用，和普通的生理作用绝对不同。这就是不能用生物的范畴来说明的所在，而必添加新范畴。——即心理的范畴。

所说的收摄似乎好像都偏于知的方面，但普通心理学于知以外尚有"情"与"意"。虽则近来心理学都知道这种的三分法是不妥当，因为知情意常混合在一起，不能分开。但从大势上看，这种分类法还是有用。不过我的意思却以为心的特征即在知，而不在情与意。因为情与意在比较上是接近于生物的范畴。如所谓詹姆士与朗盖说（James-Lange Theory），把恐惧与愤怒认为先由血行变化而后始发的。且近来心理学家亦多主张情感只是一种"调子"（tone），乃是附属品。至于意志，则不外是一种奋努。所以说明情意即用生物学的范畴与生理学的范畴似已可够用。而独于"知"则不然。有人主张运思即是不出声地说话。假如有一个人在那里想"马上治之"；另一个人在那里想"马上制止"，这两个人的隐伏的筋肉动作必可是相同的，因其默读的声音是相同。但意义完全不同，一个是想"骑在马上治天下"；而那个是想"立刻使其停止"。曾记得年幼的时候读《诗经》，几乎没有一句不以白话字音相通来作一种别解。恐怕中国读书人在幼年干这个事的必是十之八九。可见以身体内的隐伏动作说明理解与意义是不够的。所以我主张最足以表示"心"的特征的便是知。以知而可吸收情意，换言之，即以知的活动来率导全心的活动。所以我们应得从进化与发展上讲；则必可说知是在全心的历程中比较最后进化的，换言之，即可说知是心的进化中较高的一级。因此对于情意比较上容易用生物学的范畴来说明，而于知则需要于另添新范畴更为急迫了。

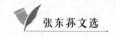

已将"物""生""心"等都讲完了，还得有一个总括。我们知道"物"只是一个架构；我们说明这个架构乃有所谓物理的范畴。我们用物理的范畴以说明生物，觉得有些不够，于是不能不另添新范畴。由这个新范畴，我们乃推定生命虽亦是一种架构，却必是另外一种。质言之，即这种架构的缔结必有些不同，乃完全成为一个新种类。但亦可以说由原有架构而复杂至某程度其缔结的样式便不同了。这便是所谓生命。至于心亦是这样的。因为我们不能以生物的范畴说明心灵的现象，于是我们又不能不推定心灵是由"生命"的架构进而有特别的缔结以成。从架构缔结的样式而言，便又是另一新种了。

可见所谓物并不是一个实质，生亦不是一个实质，心更不是一个实质。我们至此须把"实质"这个观念完全抛弃，完全打破。须知所谓物，所谓心，只是一个概念，正恰如"美""大"在实际上决没有这个东西。所有的只是这个美人，那个美花而已，这个大碗，那个大树而已。我们不能把心物等当作一个普遍的实质，亦正犹不能把"美""大"当作独立的本体一样。总之，所谓"物"，其为概念乃是物理的范畴的总称；以物理的范畴再加上生物的范畴则又成一概念，曰"生"；以物理的范畴与生物的范畴再加上心理的范畴又成另一概念，曰"心"。所以物心生乃都只是概念而已。

说至此，我们的宇宙观渐渐可以成立了，就是我们的这个宇宙乃是无数架构互相套合互相交织而成的一个总架构；其中无数的架构间又时常由缔结的样式不同而突然创生出新种类来，这个新种类架构的创出，我们名之曰进化。但这句话须加以解释，庶免误会。所谓总架构只指许多架构的互相重叠的总合而言，至于是否形成一个固定的总体，现在尚不敢速断。此外，上句话中有"时常"二字亦容易引起误会。或许误会为时间是宇宙的属性。其实不然。我们对于时间当分别观察。普通的时间只是空间的第四量向。近来哲学家，如孟泰苟（W.P.Montague），就主张把时间完全的并于空间。

我觉得若空间不是绝对的，而是一个架构，则时间便为这个架构中的一个柱子。但如此办法却不足以尽之。我们必须于这个第四量向以外再设定有一个所谓"真时"（这是用柏格森的话）。这个真时是不入物理测量的格内的。怀特海名此真时为"自然之流"。柏格森说我们惟于自己觉得自心在那里绵延的时候方为对于此真时有所窥知。而我的意思则以为这种内省尚不足以真知真时，惟于进化的历程上看见新范畴发生始为窥见真时。所以我们一方面把时间归并入空间，而总成一个架构，而他方面又因宇宙的进化不能不承认另有真时。

以上述的宇宙观与佛教的宇宙观来比较却有许多相同的地方，并且藉佛教的说明更可以使上述的道理来得明显些。以架构言，正是佛教所谓"因缘"或即曰"缘"（梵语是paccaya）。佛教以为一切只是因缘，并无实质。所谓因缘即是关系，英文是relatedness。并且佛教于因缘和合而成的又名之曰"集"（梵语是samudaya）。此字却与怀特海所用的event亦甚相当。原来此字普通译为"事"亦是不错。因为一件"事"就是因缘和合而成的一个"结子"。佛教的宇宙观以为世界只是无数的因缘互相倚靠而存在，层层联合，好像一个大纲。所谓"帝网重重"与"事事无碍"便是指此。这种宇宙观和我上文所述的可谓完全相同。因为只是因缘所以无实质，因为只是架构所以无实体。就无实质而言，佛教谓之曰"空"（梵语是suññat）。须知空并不是指"没有"而言，乃是说不是实体，没有本性不能自足。所谓"毕竟空"就是这个意思。所以佛教说因缘所生，一切皆空。这是佛教的空论，亦名曰空宗。我上述的宇宙观于这一点却亦相同。以为这世界并无实质，只是一套函数（functional）而已。佛教虽是对于本质而说空，而对于法相却又言"有"。这亦和我主张架构有客观性是同一用意。所谓"法性自尔"（梵语是dhom-ma-niyamatǎ），就是一切虽皆是由因缘而成，并无自性，但此因缘的方式却常自不变。总之，上述的那种宇宙观

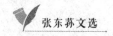

与佛教的宇宙观，其要点可谓大致相同。

不过根据这样的宇宙观而用于人生观则我们所见便与佛教截然不同了。其不同的关键所在还是由于在宇宙观上双方有一个要点未曾相合。这一个要点就是"进化"的观念。我们主张这个世界虽是自性本空的一簇架构，但这个架构却自身在那里进化，常有新种类突创出来。这种进化的发见在思想上可谓是启了一个新纪元。偶在坊间看见美国人某著的一本通俗小册子，题目是《由神秘到理智》（From Myth to Reason），其中大概是分人类的思想为三期：一曰神秘期，二曰机械期，三曰进化期。他以为人类对于宇宙以及人生的观察，在第一期，总是以迷信的神秘力来说明之；见于原人思想，以此为最，但今日犹有遗留。在第二期，则由物理学上机械制造的成功，于是遂把世界及人生全用机械来说明，可以说是第一期的一个反动。到了第三期，方觉悟以前的解释完全不妥，宇宙与人生既不是神秘的又不是机械的，所以非另辟第三种解释不可。虽则第二期的思想在今天犹未大衰。然我敢说以后思想界必以进化论代机械论当无疑义。今后的思想界谓为进化论时代，可算不诬。所以我们必须十二分重视这个"进化"的概念。

但我们说进化往往流于空泛，现在必须使"进化"这个概念有确定的涵义。我在上文已经说过，因缘发生新种类便是进化。惟此尚有些不够。因为突创新种类只可说是"变化"（becoming）而不足谓为"进化"。我们要明白进化，必先求"进化"所以异于"变化"的缘故安在。我们从"物"的结构而进化到"生"的结构，从"生"的结构而进化到"心"的结构来看，其间显然有些特点。就是物的互相倚靠不及生的互相倚靠来得紧；物的互相交感不及生的互相交感来得切；物的通力合作不及生的通力合作来得大；至于"生"之与"心"亦是如此。换言之即由物到生，由生到心，这显然的三级，其所以为增进的缘故即在通体合作的性质增加一级，其综合统御的范围增大一层，其活络自主的程度增进一步。这个就是进化。所以进化就是指架构的由简单疏散而变到通体圆活而言。虽同是架构而种类便不同了。因为通体相倚，所以统御的力量便增高了。就"统御"而言，自必须把全体抟而为一。斯墨次（Smuts）有见于此，遂主张"囫囵主义"（holism），以为遍自然界无不是趋向于全体而运动。他立此囫囵原理以说明宇宙及万物。至于物与生，生与心的等差亦就在囫囵的程度高下。他把囫囵原则与进化原则相辅而说明。我的意思亦和他大致相同。原来抟为一体则自可统御自如。所以我们于此又可借自由论者的话来讲。就是说进化即是"自由"的逐渐增高。何以能自由增高呢？必是统御力渐广，主宰力渐大。由物而生，由生而心便是这样的一个历程。其通体相倚，其主宰统御，其摄收安排，无不是逐层而增。此即是进化的特点。唯此方为真进化。其异于平行的变化亦即在此。总之，我们说宇宙的历程是级级进化，实不啻说囫囵的程度逐渐增高，自由的分量逐渐增高。

专就自由而论，可见自由与进化是并行的，换言之，即成正比例的。所以以前自由论与定命论的论战直不成问题。因为决没有绝对的自由，亦不是永久的定命。而只是进化一些，则自由一些。自由只见之于自然历程中，而并不是超自然的。所以只能顺着这个自然的进程以逐渐得自由，决不能顿时得绝对的自由。从这一点来看，自由论与定命论的争执可以不致发生。至于详论自由，似已越出宇宙观的范围了，故不复赘。

自由的分量所以增加即在通体更紧些，统御更周些，安排更宜些，机括更活些，则从这一方面来说，可说是在进化程途上每有"高的"必是吸收"低的"而左右之。否则只是平行的变化，便无所谓高低之分。所以高的而能别于低的，即在于高的确是左右低的，而低的确是为高的所吸收。从这一点来讲，这便是进化论的特长。斯宾塞一流的进化论未曾看见及此，所以他只是唯物论的变相，不足称为进化论。倒是希腊的亚里斯多德见到这一点。把这一点特别重言之，则进化论即是唯心论，即是理想主义，即是浪漫主义。

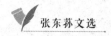
附：一个雏形的人生观

现在人们欢喜高谈人生观，然而其实人生观决离不了宇宙观。因为人生观的目的固然是重在阐明人生在世应当怎样，换言之，即应该作甚么；但要明白这一层又必须先阐明人生是甚么。这便是没有一种规范科学而不先以说明科学为基础的道理了。而所谓人生是甚么又包含两种：即一是人生的本义；二是人生在宇宙中的地位。人生无论是一件自然的事实，抑或是由自然的事实而生出来的，总之，一讲到人生便不能不讲到自然界，而一讲到自然的本质便又不能不讲到自然的系统。所以人生观是离不了宇宙观的。因为人生的意义是依靠于人生在宇宙中的地位。详言之，即人生若有价值，便是人生在宇宙中有较实在较进步的地位。否则若其在宇宙中所处的地位是很飘忽的，很不足重轻的，则便可推定人生是无价值了。明白了这个道理方足与言人生观。我今所要说的只是根据上述的宇宙观而出的一种人生观。

人是自然之一，这是近来科学思想发达了才认出来的。所谓人是自然之一就是说人是万物之一；万物是由自然法则来支配的，则人必亦然。人被自然法所支配是很显明的。人们走在街上，一不留心为汽车所碰，必定要死，因为骨头折断了，脑髓震散了。两个硬物相撞，其中稍弱的必定要粉碎，这乃是自然法则。人们吃了酒，脸上就要红；石灰抛入眼睛就要瞎。这些亦都是自然法。谁说我们的生活能一秒钟离开自然法则呢！我们的生活既完全为自然法所支配，我们既然是自然之一，则人生问题岂不很容易解决么？就是照着研究自然的方法去研究，依着观察自然的性质去观察。这种纯自然主义的人生观势必把我们的一举一动一饮一啄都视为和一架机器相同：其中的一个小轮盘动了一动，他种轮盘亦必跟着动一动。完全是一副机器，内中包含有许多的机括。我们人类果真是一副机器则真可说是一个造粪机器：吃了白米饭进去而拉出粪来这真是天字第一号的自然法则。但就主观的心愿来说，无如我们总是不甘心作这样机器；总想于此以外寻觅一些生活价值与生存意义。不但有学问有思想的人自己觉得确有些异于禽兽，即是那蠢笨如牛的乡愚亦必自命天地间不可缺少了他。然则人生的价值与意义还是人们自己骗自己的妄觉呢，还是真有其事呢？

我以为对于上述的这些话须加以分析。分析机器与价值是否冲突；须将"价值"一语弄清楚方可。通常以为对于主观有益处谓之曰有价值。例如皮衣所以有价值是因为能使我穿了以后身体暖和。但这种价值都是以主观为转移的。到了夏天，皮衣的价值就减至零度了。所以这一类的价值都是相对的。学者对于此相对的价值认为不满足，乃于其外又主张有所谓绝对的价值，换言之，即本身价值（intrinsic value）。甚么是本身价值，直是一个哑谜。老实说，"价值"的训义是谓"其物有所值"；而有所值必是于其物本身以外有可衡替。若说其所值即在本身不能不说是一件费解的事。无如哲学于此都想下种种的解释。我的意思虽非不承认有本身价值，但以为若不另立确解，势必等于一句废话。所以我的解释是就一件事一件事来讲，都是相对的价值，唯对宇宙全体来讲，对进化历程来讲，方始有绝对价值。所以我们说某事物有自身的价值，其实单讲他的本身，却不能说是有无价值，乃只是对于宇宙的进化全程上他是有价值的。这就是说，就自身而言，只有"事实"而不成为价值；若说到价值必是对于其外的而言。明白了这个道理，则我们便知道人生是否有价值了。

我们从进化的大流来看，可以说人生是有价值，因为人生在这个进化的宇宙中确有他的真正的地位。我说这句话岂不是主张人生非机器么？不然。我说人生是一个机器。这样论法好像是矛盾，而

其实不然，有人说一个人吃了三杯老酒，脸上就红了，你能说是意志自由么？我要代意志自由论者来回答曰：我们所要的自由不是吃了酒不红脸的自由。我们不能因为吃了酒就红脸便推而至于说杀了人可以不负责任。我们不能因为身体上没有左右酒的能力便推而至于说我们亦没有左右一切的能力。所以我以为机械论的基础原没有错误，而只是他推论太过，便陷于弊病。若果只说到吃酒就脸红而止，不就此再下推论，当然没有甚么。这种机械的现象，老实说，与价值丝毫没有抵触。因为我们并不要求吃了酒不红脸的自由；吃了酒就红脸并没有使我们大减价值，大不自由，大损威严。犹如我们不能飞到太阳上去，但我们却不因此而失其所以为人。所以机器与价值并没有十分矛盾。我们一方面可以安于机械，而他方面却饶有价值，意义与自由。更详言之，我们虽是机器，但我们有时却能左右这个机器。如吃了酒则脸就红，但我们却可以不吃酒。酒吃了下肚，我们不能禁止他不使得脸红，但我们却可以禁止酒使他不下肚里去。这是极浅显的事例。何以机械论者与自由论者都看不清楚，而来作些无谓的争论呢？可见机械论与自由论全没有搔到痒处。我们有价值而无妨于是机器，我们是机器而无害于有价值。所以有人问：科学能解决人生么？我则很干脆地答曰：亦能亦不能。须知科学解决人生决不是以科学为主动者而以人生为被动者，只作科学与人生两项的关系。其外必须还加上一个"我们"。就是我们用了科学以解决人生。可见科学是工具，我们是主动，而人生是被动（即客体）。好像我以刀杀你，则我是主而你是客，刀只是方法而已。若说刀杀人便误以刀为主动的主体了，这乃是大错。刀自己决不能杀人，必须另外有一个人来拿他用。科学亦然。科学决不能解决人生；必须另有一个应用科学者。所以我说不能，即是指此。但我们以科学解决人生，在这句话中的"我们"即与"人生"却又是同一的东西。于是便应得改为"人生以科学解决人生"或"我们以科学解决我们"了。在这种句子中，第一个人生或我们与第二个人生或我们却不尽相同。犹如我以刀杀我自己。第一个我是能杀者，第二个我是被杀者，我所杀的只是被杀的我，而能杀的我却是在外。科学与人生亦然。科学所解决的只是被科学所解决的人生而不是用科学的人生。就被解决的人生与科学的关系来说，可以说科学能解决人生。然而就用科学的人生与科学的关系来说，可以说科学不能解决人生。所以主张科学解决人生，这句话实在没有甚么可怕。而况说科学能解决人生还未必即包含有主张人生是机械的意思。我说人生直是机器，岂非更进一步么？不然。照我在上文所说，凡是低的无不为高的所左右，凡是高的无不以低的为基本。所以我们这个人生，从其所包有"低的"而言，自是一架机器，而从其为"高的"，则又是一个机器的指挥者。

上述的话恐怕还不足以折服另外一部分人，这些人对于人生有无目的提出讨论，而以为人生苟无目的，实是不值得活着。古代人欢喜主张一切皆有目的。如说天生草木是为畜牲吃的，而天生畜牲是为人类吃的。近代人却欢喜主张无目的。如说你看水在那里流，何尝有甚么目的；风在那里吹，何尝有甚么目的。我觉得于此两说以外尚有第三说。原来"目的"这个概念在普通总是指在其外的而言。如床的目的是人去卧在上头；刀的目的是拿了切东西。所以目的总是在其物本身以外。所谓无目的就是说这个东西于其本身以外别无所为。照这样说，我们可以说人生无目的，因为人生于其本身以外是别无所为的。不过如此，岂不是人的活着即等于水流风吹么？这却又不尽然。

我于此则主张人生是有目的。不过他的目的是"内在的"（immanent），即在于其本身中的。所谓内在的即是反对在外而言。这样岂非即为了生活而生活么？岂非是一句废话么？不然。我所谓内在的乃是说在其本身内，并非说即是其本身。换一句话来说的明显些，就是人生的目的即在把自己弄得圆满完成。我名此曰：人格的自己构成（self-making of personality）。于此请先对于"人

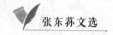

格"解释一番。甚么是人格？学者迄今没有满足的定义。最近过登（R.G.Gordon）以层创的进化论来说明之，以为人格是一个进化的突创品，在全宇宙的进化级梯上可算是比较的最高一级。因为他的统一最强，他的摄括最广，他的交倚最密，他的支配最活。换言之，即从囫囵与自由来看，他是最进化的。因此我们认其为最高的突创品。其中所含的要素而为其下一级所无的乃是周详的思辨力与亲切的责任感。这两件合起来遂成所谓"自觉"。就是自己晓得自己处于宇宙中的真正地位。详言之，即对于自己的存在以及自己以外的存在都有充分的认识。

有许多人把良心即等于道德的判断。道德判断的起源有许多的学说。我的意思以为直觉论的主张亦有理由。例如一个农夫，他看见一个人落水，他当时会奋不顾身地去救他。而一个上等社会的人反是踌躇不前。这其间的缘故就是当其时的道德判断不由于计较利害。他只觉得非如此做去，则心不安。并没有想到有是非利害的关系。这种道德判断究竟从哪里来呢？我以为最可取的学说当然还是进化说。就是我们可以主张"良心"是一个心理进化上的突创品。这个意思就是说道德的判断可以遗传的。本来后天遗传与心理遗传在学者间尚多争论。不过近来的研究却都倾向承认于后天遗传，即关于后天遗传的证据又搜得了不少。而尤其可注意的是俄人包乌洛夫（J.Pavlov所著为conditioned reflexes）的关于白鼠的实验。他把白鼠喂食，而每于食时必鸣电铃。久之，白鼠便有了联想，一闻铃声即望得食，虽则食物不在其面前。这种联想的造成在初试的白鼠须三百次以上方可，而在这个已经有此联想的白鼠的儿子，则只须一百次就造成了，且在其孙子，则只须三十次，其重孙只须五次。这显足证经验是可遗传的。我们无论作甚么事，最初总是"乱试"（trial and error），即俗话所谓"碰一碰看"，在最初必是碰的次数很多，于许多的碰中忽尔一碰得巧，竟尔成功。迨后来必是碰的次数逐渐减少。这其中的缘故即以包乌洛夫的实验来说明。就是把经验由遗传而深印于有机体中了。于有机体中添造成许多的通路可以使其自由联接，而不专待于外铄。关于道德的行为亦是如此。我们的祖先对于道德行为的决断必亦是在那里乱试。他们碰试的结果知道说谎的总是吃亏；忠实的总是得益；利己害公的总是反害自己；拿人当人来看总是无损。诸如此类，所以我敢说凡现在人类社会所存的道德规律无一不是由经验而得来的。这些经验，历了五千年，而代代遗传，以迄于今天的我们，直是在我们的机体上铸了深刻不磨的痕迹。平时我们对于道德好像一呼一吸，一点儿亦不觉得有甚么异样。所以良心亦就不发现。这种用不着唤出良心来的生活是最平坦最安逸的生活。我们大概都是如此。惟有于所谓"天人交战"时方把良心唤出来。这时的良知作用决不是情意的判断，而依然是知的判断。所以良心是理智的有机化，并不是甚么另外一种情意。

但人格的自己构成不仅在理智的有机化，且亦在当下的理智。理智的有机化是我们祖先的理智传到我们身上。而当下的理智即是我们自己的理智。我们必须合这两种方得有善良的人生。我相信把人生完全托付于理智乃是最适宜的人生观。这种以理智为依凭的生活，在近世的科学昌明时代，恐怕反对的人已不多了。老实说，我们现在一切生活已是大部分建筑于理智上了。虽则这样是出于不自觉。例如我们觉得渴而思饮水，则必须挖井。但挖井是理智的事，因为须对于水源有研究，对于凿法有研究。又如我们在夜里觉得黑暗而想求亮光，则必制造灯。由洋灯以至电灯都是理智的出产品。我们觉得距离太远而想行路较捷，于是造车，造火车，造飞机等。诸如此类，不胜枚举。总之，我们的生活是一天亦离不了这些。不过我们自己却没有十分觉得。所以我说人类的生活是由千百年来于不知不觉中已渐渐走上了创造智慧的长途的首段。可见我的主智的人生观一半是主张而一半亦是事实。乃是根据历史与事实而发的，并不是浪漫的空想。须知这种建筑于创造智慧的生活是堆积的。所有的理智并不逝去。所以我们的人生不是有固定的范围，而

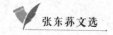

乃是一天一天广大起来,一天一天扩张出来。虽则就一个人来讲,只不过七八十年,而在古代野蛮时期的七八十年与在近世文明时代的七八十年,其生活实大有广狭不同,以近世十年可以抵古代一百年,这就是就理智的堆积而言。但有人说人类的理智虽是堆积的而其行为则不是如此,所以可说人类是两条线,一是知识线,是增高积厚的,一是行为线,是始终反复而已。这种主张在我却以为理由不甚充分。须知知识与行为是有密切关系而不能切开。如以日本的大地震为例亦可略窥一斑。地震本是绝对不可抗的。然而人类运用理智尚可求出所以稍稍避免的方法。如耐震的建筑与免火的器具以及其他发明,都是想吃了一回大亏以后不再吃第二次大亏。谁说人类的知识是与行为并行而不相关呢?从这个以知识变更行为的实例来说,人类的行为经过知识的修正,从自有历史以来,可算百分已居八九十了。现在所余的只是人类的野性。所以我主张有所谓"文化人"是对"素朴人"(naive man)而言。所谓素朴人即是原始人。而文化人则是经过改造后的人。以理智的力把人性完全改造一番,其所得的成绩即是文化人。文化人与素朴人完全是两种人。不过在古代以理智改造人是出于不自觉,而近代则出于自觉。所不同者只此而已,并非改造人性的大业自今日始。因为于上述的有机的遗传以外尚有社会的遗传,如言语,风俗,制度等等,而合起这两种遗传来,已把素朴人于不觉中推上了自己改造的长途。素朴人一天一天自己改造自己,以成文化人,所以再复返于原始是不可能的了。因此我大反对"复返于自然"的思想,认为是不懂人类文化的真价。我们今天只有推进文化,决不能诅咒文化。须知文化的发生原出于不得已。苟素朴人而能生活安适不感缺憾,当不会自己去改造自己了,既须自己修正,便知其有此需要。所以文化的发生不是随便的。我们若对于现在的文化感不甚满足,则我们唯有把文化更推进一步。我说人生有内在的目的就是指此。就是说人生的目的在把自己弄得更文化些。换言之,即在自己改善自己。使自己愈变为文化人，其文化愈高，其人格愈圆。

以上所说以理智指导生活而改善自己，还是就浅显的而言。老实说，理智如一把刀，无物不可以斫。我有一天在铁匠店，看见他们在那里造刀。他们造刀的工具却仍是刀。可谓以刀造刀。我顿时觉得以此来比喻理智再巧不过了。理智既能改善理智，则我们的生活只是纯然一个改造的历程而已。生活上没有一处不在改造中。正犹肉身之有新陈代谢，时时不断地在那里运流。虽则我们的生活是和生理的新陈代谢一样，无时无处不在自己改造中，而始终跑在前面，无法超过的却又是这个理智。所以理智总是常居于能改造的地位，而一切其他都是被改造。从这一点来讲，我们可以借用旧时的名辞而主张唯有理智可称为"真我"，于是我们的理想生活就是把这个真我提出来，使他不断地从事于改造我们自己。且从宇宙观上看，理智是进化的最高级，则我们生于宇宙间便应依此程序而充分发挥理智以符其地位。所以我这种主智的人生观是与上篇所述的宇宙观相联的。详言之，即宇宙的进化上似乎以理智为最晚出的突创品，则人生的精华当然在理智了。若人生而不能充分发挥理智，则从宇宙的进程上说，可说是辜负了人生。可知人在宇宙中之所以为人即在其有理智，所以人之一生只是一个理智的实现而已。于是我们不妨下一个小小的结论曰：根据上述的进化论的宇宙观，人生的特征即在有能左右万物并改造自己的理智；且理智之为物是进化上最晚出的；人的可贵亦即在此。依这样论列，我们亦可以推知我们应得如何做人。读者若不惮烦，则我不妨再重言以声明之曰：即我们于认明理智即人生以后应该即顺着这样主智的生活而活着。我所以说人生有目的，亦就是因为有了理智，能把无目的的自然生活改变为有目的的理想生活。

我这样极端主智的人生观或许引起人们的怀疑：以为太把人生的情欲抹煞了。于是我现在便请讨论人欲的问题。第一，我们须得问欲望是否人生的根本。中国人所谓"欲"，在心理学上似乎有四

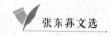

种皆与之有若干相当，即冲动，欲望，本能与意志便是。但这四种却各各不同。四个之中以意志为最难捉摸，所以往往把意志即同于冲动。冲动一半是生理的现象，不纯是心理的特征。所以有人以有机体的平衡来说明欲望。以为有机体无论由外部的刺激抑或由体内的刺激，而使有机体不得平衡安息时，便起欲望，则所欲就是求有以复返于平衡安息。但生物有机体是不断地受刺激，所以无不是甫得平衡而又不平衡起来。以致欲望如波，一起一伏，是断续而相连的，永无终止的时候。其实冲动亦可以此说明。冲动是从其后逼而言，欲望是从其前诱而言。实际上却不能有十分大分别。至于说于我们普通生活上的欲望以外，尚有一种根本冲动。仅仅是漫然一动而已，无所向，不自觉。这便是萧宾浩（Schopenhauer旧译叔本华）的"盲目意志"，遂涉及玄学的范围，与心理学无关了。所以我们的讨论可分三项，曰欲望，冲动与本能。

就欲望而言，只是有机体失了平衡安息时的一种反动，并不足为人生的根本。至于冲动，若讲到根本的漫然一动则是生命的特征。但须知生命的特征并不得即认为人生的特征。因为鸟兽等动物亦是有这样的根本冲动。人之所以异于禽兽虽是几希，然决不能说亦是率着这个根本冲动而自然前进，而必是于此以外还有些增加。所以我们不能把冲动列为人生的要义。照我在上文所述的宇宙观来讲，凡是高的无不吸收低的，无不包括低的。这就是说人的生命当然包括生命的特征，然其所以为人又必须于生命特征以外另有些别的。所以我决不否认冲动，但只承认冲动是人生的"低的"一层。人生不能专靠这一层。换言之，即冲动亦可以说是人生的根本；不过于此处所谓"根本"不是说人生全靠着他，乃只是说不过原料而已。好像我们说明生物，我们决不能离开其体质，但须知生物的生命，其特点不在体质。我们于人生亦应作如是观。必须知人生于冲动以外另有所增，而此所增乃足以左右冲动。因此我大反对那种主张满足自然欲望或冲动的人生观。我以为人类没有固定的自然欲望或冲动。

近代心理学家以及社会学家都注重于本能的研究，想于本能中求窥人类的"本性"。其结果即为列举了许多本能。在最初以为是固定的，后来再加研究，知道都是与后天的习惯息息相通。生物适应环境，其行动的样式是否完全不学而能，亦是很难断言。所以本能的研究反由确定而变为不甚确定了。有人主张没有本能，其言虽不无过甚，然未始无见地。总之在今天，本能的研究尚未足使我们藉窥人类是有固定的本性。

凡此种种皆足为我的对于人欲的处分法开辟径途。我的对于人欲的办法，并不是把人欲看得很轻。我以为照上述宇宙观的原则，凡高的必包涵低的，则我们的人无论如何是理性的，而总脱不了人欲的牵制。所以人生观上对付人欲是一个大问题。向来的意见可分三种：曰绝欲主义，把人欲从根本上扑灭；曰纵欲主义，听人欲自然畅流；曰节欲主义，把人欲调节一下，不使其泛滥。这三种见地，在我看来，都不甚妥当。因此我另立一个"化欲主义"或"移欲主义"。现在把大意总括于下。

我曾说："近代新心理学虽则告诉我们说，人类的一切高尚行为与心理都可以穷求到有下等动机潜伏其中而不自觉，然而却又告诉我们说一切下等动机都可以转移向高尚的方面来发泄。这种转移在新心理学家有一个专门的术语，是sublimation，我则译为升高或升移或提升。凡本来只是利己的本能都可以设法变为有益于社会的本能。例如自炫本能是种下等本能。但人类可把这种本能升移为爱美。"此外把下等冲动移向高尚方面来发展的实例真是很多很多，似可不必一一尽举。总之，人类的下等欲念不是没有法子对付的，乃饶有许多精巧的方法。不过有一点须大大注意：就是我们只能化他，移他，而不能绝他。所以我主张对于人欲从积极方面是必须把他移到高尚地方去发泄，从消极方面是必须得最小限度的满足，积极方面的化欲论，我已略说了，现在还须把消极方面的重要来说一说。

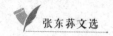
英人哈特飞（J.A.Hadfield）说："我们欲想以创造的工作来升移一个人的色欲本能，但其人的这种本能若是已完全压抑完了，必亦无法进行。"我觉得这句话是对的。我们要提升下等本能却不能打倒下等本能。打倒下等本能要发生种种的病态。所以我们既不打倒他，便须给以最小限度的满足。须知人生的基础欲念不外乎是饮食男女。我们能不吃东西么？不能。我们能不穿衣服不住房子么？不能。我们能不结婚么？不能。虽则吃东西，但不必吃好东西；穿衣服但不必穿美衣服；住房子但不必住大房子；娶老婆但不必终日跳舞讲恋爱。这便是我的最小限度满足论。若是并此最小限度而不有，则人生殆即成为不可能了。否则亦必生病。吃与穿与住非有些不可，比较容易明白。至于男女，虽似可以控制，然亦不是永久的办法。主张根本绝欲的只有佛教。不但终身不许有男女之事，并且不许动男女之念，并且主张绝食欲。最初虽办不到绝对不吃，然总是隔若干日一食，而又食得很少。至今内地的深山中尚有这种修道的和尚。我对于这种"无生"的生活法亦同冯友兰君一样，以为不是多数人所能行，至于若有人去行，我们亦只能表示相当的敬意罢了。

有一种思想把人欲视为污秽，又有一种思想把人欲视为神圣。我则以为两种思想皆不对。老实说，人欲决不是好东西，不能任其横流。而处置之法，于许多方法中，似以一方提向高尚，他方最小满足为最妥当。于我这个方法以外，冯友兰君亦有一个方法。大概是：

> 假使人之欲皆能满足而不自相冲突；此人之欲与彼人之欲亦皆能满足而不相冲突；则美满人生当下即是，更无所谓人生问题可以发生。但实际上欲是互相冲突的。不但此人之欲与彼人之欲常互相冲突；即一人自己之欲亦常互相冲突。所以要个人人格不致分裂，社会统一能以维持，则必须于互相冲突的欲之内求一个"和"。和之目的在使可能的最多数之欲皆得满足。所谓道德及政治上社会上所

有种种制度皆是求和之方法。

冯君的思想，从表面上看，因为他主张"和"，似可说是东方思想的精神，而其实则全是从西方思想出来的。他又说：

> 至于实际上具体的中，和，通，则须理智之研究方能得到。譬如"惟酒无量不及乱"，虽仅有关于个人而若能知如何是乱则亦已牵及过去经验；一牵及过去经验便有推理作用。至于我之自由究若何方不侵他人之自由，以及社会上政治上诸种制度之孰好孰坏则更非理智对于各方情形具有切实的研究不能决定。……理智在人生之地位及其功用即在引导诸欲；一方面使其能得到满足；他方面使其不互相冲突。理智无力；欲则无眼。

照他这说，理智乃是调和诸欲的一个工具，因为人欲没有眼睛，必须请理智权作其眼，可以烛见前途，不致乱闯。这显然是以欲为本，以智为附。和我所说却不相同。我以为可以商榷的地方不在我的欲与你的欲相冲突时如何调停，而在我自己昨天的欲与今天的欲相冲突时如何调停。若说是依着今天的欲，则昨天的欲势必全被抑压。所以调和诸欲在事实上几乎可说是一件绝对不可能的事。因为一有调和则对于各个的欲必有所节抑或删削。若说对于各欲都能使其得到满足，这是事实上永不会有的。一个人既须自己调和自己的欲即不啻说一个人必须自己节制自己的欲，因为诸欲的调和在人与他人之际或许可以设法办到，而对于自己则绝对没有方法使两个互相冲突的欲皆得满足。所以这种和欲论，我以为只能在人与人之间而言。如其自己亦非调和不可，则势必采用我的方法——即化欲与移欲。总之，欲是无眼，而理智却非无力。因为我们不能使"力"全属于欲。果真欲而有力，则理智亦必无法处置他了。既须把欲完全置

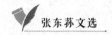

于理智的统治之下，则我们便不必说生命的主力是在欲而不在智。

大凡重视人欲的必还有一个意思，就是以为在人生中，快乐是一个重要的条件，此即是所谓快乐论。我以为快乐论的大弊病即在不明快乐的性质，而误把快乐认为实在的。譬如我们吃东西，在快乐论者必以为美味到口，原是一种求快乐。又如男女相悦，快乐论者亦必以为这是求快乐。而我看来，皆不然。试问何以吃饱了以后，即使再拿了美食来，不想吃呢？可见美食与快感完全是两件事。有时满桌美食尚觉不能下箸。有时素菜薄粥，转觉美不可言。可见快与不快完全是一个情感的调子的变化，而与外界对象的事物没有多大关系。我们想吃，并不是求得吃时的快乐，乃是体内有一种不安的刺激——即饥饿——致有机体失其常衡，于是想要恢复其平衡安息，所以非吃不可。我以为凡这些吃，穿，等等都是因有所不足而逼迫以成，换言之，即都是由后推的，不是由前引的。至于快乐的情调只是这些行动的附带现象。但这种附带品的情调却是如波浪一样，一起必有一伏。你要想使他只起而不伏，则绝对办不到。往往看见有人在那里痛哭，我们必以为他的心里十二分悲哀。但有时亦许不然。当他初哭，或许是很难受，但在他哭了一些时以后虽则还在那里哭而或许已经不甚难过了。所以"终日以泪洗面"这乃是文人的形容话，事实上决不会有的。有些人在牢狱里，有些人作乞丐，从外面看去，都是很难受的，而在其本人却并非时时刻刻皆难受。所以求情调的常住以便永久快乐是不可能的。并且我们的人生大部分是在不苦不乐中过生活。换言之，即于快乐与苦痛两种情调以外，尚有一种所谓"无差别"（indifference），就是既不觉得有甚么快活亦不觉得有甚么不舒服。快乐论的失败即在忽视这三点：他不知道冲动是后推的；他不知道快乐是一个情感的调子，决不能维持永久的；他不知道尚有"无差别"的时候，人生却以在此种时候为多。

但西方思想所主张的"人生求幸福"这句话中"幸福"一辞并

不是指快乐而言，所以于快乐论以外又有所谓幸福论。严格讲求，幸福究竟是甚么亦很难说。因此我暂时不深涉论。而以为我所主张的推进文化与造成文化人的意思亦或许可称为幸福论之一种。但个人无论如何，决不能离开社会。讨论人生观不能专注重个人。现在请一言个人与社会的关系。

社会是甚么？有人说社会是一个超越的人格；有人说社会只是人与人的团结。我以为两说中前一说太把社会看得实在了，固定了，而后一说又太把社会看得虚泛了，飘忽了。我以为社会是人生的一部分或许是大部分，虽为人所造，却有其独立的存在。所以个人与社会的关系是重要的。自从有人把社会分为两种以来，学者大概都承认于成文制度的社会以外尚有因利益而自然成立的社会。于是我亦略师其意，从注眼的方面不同而分为"人为的社会"与"自然的社会"（又可称为基本的社会）。自然的社会是以地理与血缘以及历史等等原因而自然以形成的。人为的社会则出于人类自觉的布置；要何种制度即成何种团体。其实这个分别只是观察的方面不同；而在实际上则无一自然的社会不是人为的社会。如中国，就其血缘与地势等而言，是一个自然社会；而就其组成国家而言，便是人为的社会。不过若就言语与文化来讲，又在自然与人为之间。所以这种分别不是截然的，千万不可误会。但可以说人为的好像是动脉，而自然的好像是静脉，其实一个人必须有动静两脉方能成形。我们的社会，从其自然的方面来讲，是比较上支配个人，而从其人为的方面，却又是被支配于个人。所以社会与个人是好像一个循环——即若环无端。因此便不能说个人的存在是专为了社会，亦不能说社会的设立是专为了个人。这样把社会与个人交织为一，便是人的生活。人之相忘于社会正犹鱼之相忘于水。不过水却不能十分变化鱼的性质，而社会不然。社会能使人自己变化自己。正犹野兽被驯为家畜一样。所以人之被驯于文化就无异于猫狗之被驯于人。但野兽被驯是出于不自觉，而人则出于自愿与自主。所以人之可贵

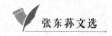

即在能自己驯自己。我想孟子所说"人之所以异于禽兽者几希"，这个几希之点必是指此而言。从自然的社会与个人的关系来说，可说个人是在那里被社会改造；但从人为的社会与个人的关系来说，则可说个人是在那里改造社会。这便是我们改造社会，使社会又改造我们。从我们改造社会而言，我们不但必须设立一个理想的社会，最高尚最圆满的社会，并且我们亦能够建立起来。至于如何是理想的社会，则不在本篇的范围，现在请不讨论。但总之，希求得着美满的人生同时必须有极好的社会，因为差不多是一种东西的样子了。

因为社会是继续存在，不因个人而断灭，所以我们又引出"不死"的问题来了。我以为不死可分两种：一种是社会的不死；一种是个人的不死。所谓个人的不死是人于死后的灵魂不灭。关于此事，近十余年来，幽灵学会颇多实验。我们虽不能即信以为真，却亦不可遽判为伪。而有一点是大可注意的：即近来科学家大多数对于此事已倾向于存疑的态度，不像以前那样坚决否认了。我的主张亦是如此：以为这是一个未决的哑谜。在今天遽然断定人死以后绝无余存，似乎未免太早。然即信以为灵魂不死，亦无充分理由。所以此事在今天只好悬而不断。不过有一点可以警戒灵魂不灭论者的：就是假定他日能发见果有死后而永存的灵魂，而对于现在一切科学研究所得的道理亦决不能完全推翻。换言之，即果有不死的灵魂亦不足以易我们今天根据科学所建立的宇宙观。所以灵魂问题虽值得研究，而一切人生问题的解决却不专有待于此。若以为苟能拨开这个秘钥，宇宙与人生便大大改观，这则未免过分，因此我不承认灵魂不灭的主张对于真正的人生问题有多大的贡献。

然则我们岂不是死了就完了么？不然。果真我们的宇宙是多方复杂的活络架构，则我们一举一动无不致其影响于辽远。果真这个架构把时间收纳其中，而时间又不仅是直线的一系，则我们行为的影响不仅必远届于未来，且亦可波及于过去。且照上文宇宙观中的进化真义来讲，既是一层囫囵一层，一层自由一层，一层主宰一层，则我们在现在所谓的最高层，当然其影响的广大必较其他为甚。这就是所谓"不朽"论。冯友兰君亦是如此说，其言如下：

> 不朽是指人之曾经存在而不能磨灭者。若以此义解释不朽，则世上凡人皆不朽。盖某人曾经于某时生活于某地乃是宇宙间一件固定的事实，无论如何不能磨灭。中国人所谓人有三不朽：太上立德，其次立功，再次立言。能立德立功立言之人在当时因受知而为大人物，在死后亦因受知而为大不朽。大不朽是难能的，若仅仅一个不朽，则人人都能有而且不能不有的。所谓流芳百世与遗臭万年，其为不朽，实是一样。

在这一段话中，与我的主张却有不同。我以为人之不朽，无论是立德立功立言，决不是指曾在宇宙间的地位而言，亦决不是指在时间上存续较长而言，而必是指依着进化而言。照上篇所说，读者当已知道进化与时间是截然两事。所以从顺流于时间而言，无论余留若干年而终必消灭，则无所谓不朽，换言之，即不朽亦朽。从曾在世界上一个地位而言，诚如冯君所谓"不能不有"，则不朽与朽完全同一，换言之，即既无所谓朽，当然亦无不朽。须知朽若等于不朽，则分别不起，而不朽论便无法成立了。我的意思完全异于此。我以为流芳百世与遗臭万年有绝大的不同。只须看立德立功立言的顺序便知古人对于这一点亦认为有分别。虽则古人的意思未必就是我今天的意思，但把立德列为第一，列为太上，而不把立言置于前头，则可见不朽是不以受知（即被时人及后人知道）为条件。一个人若其品德高尚，虽无人知，而其造福于人类，决不下于那种有口皆碑的大英雄大豪杰。我想古人把立德列为首图亦许即出于这个意思。所以从这个德功言的次序上看，其中不可谓无深义，

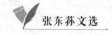

即就受知而言，留芳与遗臭确有不同，亦可类推了。我以为人之不朽即在其人于死后有无真正的影响被于进化的前途。因为宇宙是在那里进化的，人生是在那里向上的。苟一个人能顺着宇宙进化的本性，依了人生向上的天职，无论是思想也罢，是功业也罢，是品德也罢，只要有所增进，则便可算是不朽。反之，对于宇宙人生的进化，若是滞而不进，逆而不顺，则其人其行纵有许多人知道，亦不足称为不朽。因为宇宙是进化的，惟有推进文化是加一分力于进化；惟加一分力于进化始有真正的影响及乎后世；惟真能致影响于后世人生方为不朽。否则若与文化无关，则便与进化不涉。所以留芳与遗臭，其性质不同：一个是真致有确实的影响于后世人生；一个只是人人口上的一句空话罢了。其分别即在一实一虚。遗臭是虚的，因其人的姓名虽在人人嘴里，但其人于文化的增进没有关系，他遂不能有真正的影响及于后世人生。我们可以说遗臭不是不朽，而乃是朽。但我主张没有绝对的不朽，且凡人皆朽。所谓朽与不朽只是指其人对于宇宙人生的进化上所贡献的影响大小广狭而言：其影响小而狭的即是朽；大而广的便名曰不朽。而实则无论如何大而广，而终不能波及宇宙进化的全程，所以不朽亦终必变为朽。可见这原是程度上的等差而已。不过人生于世总希望自己能内而把自己的人格愈提愈高，外而把所处的环境愈改愈善，则其所为之影响可谓于可能限度内已届极远极广极大的程度了；如此当然可以尊称之曰不朽。我说人生有内在的目的即是指此而言。此种样子亦可称为"自我实现"。

不朽与不死的正解既已讲完，尚有一个与不死有关系的，就是自己愿意死，普通名曰"自杀"。自杀是不应该的么，是罪恶么？我以为这个问题须分别观之。近来社会学者用统计法来研究自杀，而发见是一个社会的现象。所谓社会的现象当然是说出于暗示，囿于风气，传自历史；而并不是个人自觉的发动。这种研究有事实为其根据，我又安敢否认。不过我以为于此类自杀以外，必还有个人自觉的自杀。这种出于自觉的自杀，我主张决不是罪恶。我这句话并非奖励自杀。老实说，奖励自杀是不足畏的，因为人总是怕死的；纵使你竭力奖励人们自杀，而终不会群趋如鹜。至于我所以说自觉的自杀不为恶乃是因为根据人生有处分自己的权利而言。一个人在世上对于他自己既然能够要怎样便怎样；要吃便吃；要不吃便不吃。只须不侵及他人则这种自己处置自己的自由当然是可尊重的。难道独不许他要死便死么？岂非有些矛盾么？一个人的自己要死，其实即等于他自己要作学者，要作工程师，要今天一夜不睡觉等。同是自己处置自己的一种自由。反之，一个人自己要作贼，其为罪恶是由于作贼乃是害他人的事。设若不害他人，便亦不失为一种自由。所以从这一点上看来，自杀而果出于自觉，实不可认为罪恶。

有人说不然：我们没有要死便死的权利正因为我们不是要生便生；我们既是生了，便当安于生。这句话亦有理。不过我们不是要生而始生是一件事；而要死就死则又是一件事。其间没有十分关系。譬如生儿子亦不是我们能随意要生就生的。有许多人求子而竟无子；有许多人怕子女太多而仍有生育。但我对于不许生育（即自禁生育）却确有这种权利。我们的制育，无论从哪一方面来说，不但不是罪恶，并且可算是很好的事情。所以人们尽管没有要生就生的权利而尚不失为有要死就死的权利。我终以为一个人自己愿意死比一个人愿意生而害人，在道德上是有轩轾之别。

现在已把我的人生观叙述完了，请再来作一个总结，如下：

第一，这种人生观是根据层创的进化论的宇宙观而始成立。所以人生于宇宙进化的层次中，其所处的那一层，其所有的特点是理智与人格。人生的真义即当本此而发挥理智，构成人格。所以这种人生观是一种主智的人生观。

第二，这种人生观既根据层创的进化论的原理，所谓高的包有低的，低的役于高的，则必是人格必包有机器；机器必伏于人格。如此虽为机器而不失有价值。所以此种人生观从这一点来看，亦可

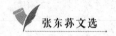

以说是自然的人生观。

第三，这种人生观既根据层创的原理，所谓一层突创一层进化开来，则必是向上奋进：由素朴人而自己改造以成文化人；而对于文化又不断地在那里改造，去其渣滓，所以将来或许更有所谓"超越人"出现亦未可知。其人是智明更切一层，主宰更强一层，圆活更大一层，自由更甚一层。所以这种人生观又是创造的人生观。

第四，这种人生观虽则注重于创造，却不是把人驱入浪漫之途。并不想越阶而飞。依然是按着进化的程序。所以就按照进化的历程而言，这种人生观乃是乐天的人生观。

第五，这种人生观虽则注重于理智，但亦不忽视人欲。并不把人欲视为无足重要。诚知人欲的处置而一有不当，则人生一切纠纷与悖戾，困难等皆由兹而起。所以对于人欲必须有一个最妥善的法子。于是提议一方移欲一方予以最小满足。这种人生观遂成为化欲的人生观了。

第六，这种人生观虽则不忽视人欲，却以为惟有理智是人生在宇宙全程中的特点。所以理智亦可说是真我。不过理智决不是小己或个人的事。所以这种人生观又可称为无我的人生观。

我所呈献的这种人生观其要点大概尽于斯了。或者有人对我说："你说得这样好听，未免是自己骗自己罢？"我敢答曰："诚然是自己骗自己。不过一切宇宙观人生观都是自己骗自己。主张现世界是乐园，固是自己骗自己；而主张现世界是苦海亦是自己骗自己。所以乐观是自骗自；而悲观亦是自骗自。同一自骗自则不如择一种以为最宜的来骗骗自己罢。"

哲学是什么？哲学家应该做什么？

　　我是学哲学的，今天要把自己所专学的同大家谈谈。我的题目是"哲学是什么？哲学家应该做什么？"我希望第二句是别人不曾说过的。哲学是一种苦涩干燥的学问，但它虽然苦涩干燥，却与人生关系密切，也是与我很接近的学问。今天在座的诸位虽不都是学哲学的，也许都对哲学发生兴趣。哲学是西方的文化，在中国学术中找不出哪一种学问是与它完全相同的。文化是一个整体，就像人体一样，头部手足都互相配合；至于马的躯体，配合就与人不同。西方人的文化也是一个整体，哲学是整体中的一部；在中国，也有过"哲学"这个名称，譬如贵校校长胡适之先生和冯先生都写过《中国哲学史》。从这个名称看，中国似乎也有哲学，但其实这是很勉强的。我们看这里面所谈的问题与西方人所谈的问题并不相同。

　　西方的哲学是在两个事物的矛盾中产生的，一个是宗教，一个是科学。西方人的思想，自近世科学兴起后，与宗教思想发生冲突，这时候才有哲学来起作用。我这样说，一定会有人驳我，说：那么希腊就没有哲学了吗？但并不然，希腊的哲学倒像中国的哲学，内容无所不包，并且别无哲学以外之物，所以希腊虽有伟大思想，仍非近世的哲学。近世哲学是科学、宗教、历史以外的哲学。近世哲学之兴起，全由于科学之兴起。科学自古有天文地理物理等，至十六世纪末、十七世纪初，科学勃兴，有大科学家如伽利略、牛顿。科学产生后，就有了宇宙观，对物质有了一个看法，遂与中世纪耶教圣经上的说法起了大冲突。

　　西洋文化本身因此有了矛盾，整个文化不调和，于是而有思想

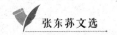

上的烦闷，影响到生活上也有了烦闷，于是产生了思想家，即近世哲学家。哲学家在他们的思想系统中增加了新的素质，对新兴的科学潮流加以吸收，而不是迎头痛击。同时对于过去一直赖宗教以维持的社会秩序与道德观念加以种种解释，西洋文化因而起了巨大变化。

我是学哲学的，在抗战前感到极大苦闷，时时要问学哲学究竟有什么用？有一次我同金岳霖先生谈，我就说我们对现世界没有一些用处，完全是浪费时间。眼看日本人就要侵略进来，现在最急迫需要的是应当教青年人如何去抵抗，为什么还要研究纸片上的东西？九一八以后，我就主张改订学校课程，把有关抗战的学问拿来学，不关抗战的放在后面。我也要问学哲学的人究竟有什么贡献，但是并无一人认为我的话值得考虑。抗战八年中学校课程一点没有变动，便是明证。我自己仍然一直在怀疑哲学家的贡献。现在，世界上人类相讦益烈，越来越不成样子了。近来我读到美国某学会的论集，这本书有五寸厚，是一九四四年出版的，讨论的是 approach to world peace，里面讲宗教、科学、哲学应如何去贡献和平。可见现存大家的感触都是相同的。我觉得，我们所学的学问如果与人类幸福无关，则其价值都是可疑的。

我这样说，并不是浅薄得不讲理论的价值，我是研究知识论的，读康德（Kant）最多，后来改从社会学去研究知识论，兴趣渐渐转到社会研究上去，而不再专讲形而上的奥妙的那一套。于是就变为社会学与知识论的合并，把文化发达与社会学配合起来看。我的这种转变，一般人很少知道，总还根据我以前写的书来研究我。知识社会学现在已成为一种学问，但还幼稚，在欧洲致力于此的也没有几个人，最早的人当推卡尔·马克思（Karl Marx），他很开辟了一个新的方面。我们可以从知识社会学来看看哲学是什么。我在一本书上曾经写过了，现在简单说一说。

人是有知识的生物，知识没有无用的知识，可分为三大系统：

第一是常识系统，主要是为了便利，比较专门的我不谈了。第二是科学系统，建筑在可测量的数量（quantity）及物的关系上。第三是形而上学的系统。我这里谈的是知识，而不谈盲目信仰。形而上学并不要求像科学那样的分析，而是直接问到最后的本体，宋儒所谓"明心见道"，便是说他可以见到本体了，其实从知识社会学看来，那叫做自己骗自己！玄学所用的方法是 insight，多是神秘的，所用的逻辑也非普通逻辑，譬如黑格尔（Hegel）的逻辑便不是普通逻辑。

现在专讲第三个系统。它是与社会思想、宗教思想同在一个圈子之内的。自古以来，一直存在着一个问题：许多好人死了，坏人却乱蹦乱跳的活着；坏人富，好人却穷。于是就有了一个问题：人为什么要做好人呢？好人分明得不到好处，为什么不做坏人去发财呢？所以为了维持使人去做好人，就有了"灵魂不死"的说法，说好人来世可以上天堂，此中并不能说它有真理或没有真理，因为它是起了一定的社会作用（social function）。人到了不得已时，便会信上帝的。我和我的同事十一个人被日本宪兵捕入狱中，在狱中我自己曾经自杀过四次——我不但懂得哲学的秘密，还懂得自杀的秘密哩！那一次我们先被送到这儿的红楼（"就是这儿"，张先生指着身背后的方向，十分感触地说。他是在北楼讲演的），后来又送到陆军监狱，十一个人关在一间房里，十个人都做祷告，我知道其中就有从不做祷告的基督徒。我曾经写过宋儒，宋儒是讲理学的。宋受外族压迫，读书人多谈政治，像我们一样的。但是你们知道，中国自古以来的皇帝都是混账东西：不止古来的皇帝，现在的职权最高的也都不是东西！那些士人想抵抗功名利禄封妻荫子，等等，你想如何抵抗得了？所以他们只好提倡气，讲究养气，梗着脖颈说，你杀就杀好了。所以从社会观点看，有了文化的需要，就会有理论，理学便是这样的东西。如果一定要去问这是不是真理，那就麻烦了。真理是相对的，上帝并不像热水瓶一样，可以拿出来

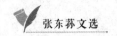

印证。理论的产生是基于文化要求。社会要求，时代一变，要求一变，真理也就跟着变了。以前的真理便不再是现在的真理。我对于庄子的"彼亦一是非，此亦一是非"的"相对论"并不同意。他这是"公说公有理，婆说婆有理"，如果公婆都有理，岂不没有是非了？相对不能是 relativism 而应该是 relationism，就是说在这一环境中是有效的，在另一个环境中就没有效了。理论是不能实验的，科学才是能实验的。我们可以根据这个来看看哲学是什么，与哲学家应当做什么。

近世西洋哲学家都是夹在宗教与科学的矛盾中间的。大体可以分成两大类：一类要调和这个矛盾，维持社会秩序使不破裂，可名为维持派；一类则完全站在破坏一面，对旧的宗教、社会、道德一起推翻，这在希腊已有，那些"诡辩家"（sophists）就因持无神论而与世俗相反，可名为革命派。所以文化本身起了裂痕时，总是新的想要压倒旧的，如果做不到则要设法弥缝，生活才能相安，精神上和知识上才能得到安慰。新哲学都是应运而生。如果有一个人跳出圈子去说我凭空创造了一个新东西，那是绝对的不可能。所以我说哲学家应当做什么，而不是说他们已经做成了什么。现阶段中国文化是否需要这样的人呢？想做哲学家的人又应当怎么做呢？我认为：世界第二次大战后，全人类，包括中国在内，必定要走向一个新方向，否则结局必极惨。中国有句古话说，"穷则变，变则通"，中国现在已走到穷途，文化也走到了穷途。世界也走到了穷途了，再这样下去，世界就没有新生力量了。身上挖掉一块肉，可以再生，叫做新生。如果生不出来，就是没有了新生力量。如果没有了新生力量，则将是世界的末日。所以今天如果有哲学，必定不是传统哲学。现在不是仅仅念一点古典就能行的，时代要逼迫着走到新的方向去。在两类哲学家中，我们需要哪一类呢？

我们必须要看清文化趋势，如果看不清了，那么德国和意大利也曾有过哲学，那是御用的哲学。这样的哲学家是笑话，笑话，笑话。现在我们要说：哲学家所依据的创造工具，第一是时代潮流的要求，第二是他本人可以看得到时代的进步。这不是汽车坐坐，飞机飞飞就可以得来的。近世的大哲学家都是做什么呢？他们并不一定和现实有太多接触，但实际却是领导着现实。所以哲学家应该做的是：文化到了不能不变时，就要出来做思想领导。这需要冷静的研究，不是应酬应酬，吃吃酒席，开开会就能创造出来的。中国已经穷到了时候，这样的人是需要的。学哲学的人大可不必妄自菲薄，希望北大哲学系能产生哲学家来领导思想，大家不要只去钻中西典籍，而是要产生新的哲学家。完了。（辛扬火笔记，本文未经讲演者寓目，如有错误，当由记者负责。）

知识社会学与哲学

傅吾康博士又要求我为本杂志作文章，并且提出希望：最好是讲述现代的德国哲学。我实在惭愧得很，我对于现代德国哲学很少留心。我虽然亦知道几个德国哲学家，不过他们已经都不在德国国内了。我以为现在哲学界有两个大的新趋势，一个是从言语的研究来廓清哲学上的暗昧问题；一个是从社会学的研究阐明哲学思想与人文环境的关系。第一派是由 M. Schlick，R. Carnap，H. Reichenbach 等人所倡导；第二派则有 K. Mannheim，P. Andrei，A. Dempf，A. Eleuthropoulos，E. Grunwald等人，就中以孟汉为领袖，可惜他们现在都不在德国。从文化上有不断的创造而言，我们不能不感佩德意志民族的伟大。但又因为多数学者不能在其本国内，则我们亦不禁有惋惜之叹了。现在因为第二派所主张有与我平素所想者相暗合处，遂成此篇，聊以报命。

知识社会学（Wissenssoziologie）是最新出的一门科学，从社会环境决定思想上以研究各种思想的内容。换言之，即职在分析人类思想内容以求发见其如何被社会因素所左右，注重于境遇左右思想，致各种思想皆有其背境，于是有"境况的相对性"（Situationsgebundenheit）。这种学问，同时又以"主义"（ideologie）为对象，以研究其所以构成的利害关系。详述知识社会学的性质非本篇目的，故请从略。

但就发现社会因素以决定思想而言，这亦显然是主张人类的知识有限制。因为社会的因素在知识以外，用知识以外者来左右知识，便是限制知识。发见知识有限制不自知识社会学始，康特（Kant）就是发现知识有限制的一个人。不过他是从"先验"（transcendental）的观点来发见知识有限制。

但这个先验说却可用生物学来解释，我们因此可称这种限制为生物学的限制。此外，例如佛洛德（Freud）未尝不是亦讲知识的限制，他用"不自觉"（Unbewusstsein）以限制自觉的心意。但他的所谓不自觉是由压抑而郁结以成，这便可说是心理学的限制。生物学的限制与心理学的限制有一个很大的不同，就是前者是普遍的与必然的，而后者却是各人不同。至于知识社会学，乃是于此两种限制以外又添了第三种限制。这种限制又与那二种不同，既不是普遍的却不是各人各样的。我们研究知识必须承认这三种限制。

我个人的宗旨，是想把知识学（Wissenschaftslehre）建立为一种独立的科学，而立于"实证主义"（Positivismus）之上。换言之，即从各方以研究知识，而不限于用形而上学的观点。详细来说，这个知识学必须不仅限于传统的"认识论"（Epistemologie），而必须包括各方面。从逻辑方面以研究知识的格式，从心理学方面以研究思想的"作用"（Akt），从认识论方面以研究知识的"确实"（Geltung）。这些都须包括在内，而尤必要的就是关于上述的三种限制的研究。

因为这个缘故，我对于知识社会学甚为重视。但我不是专从社会学的立场想把知识尽吸入其中，我乃只是从知识论的立场以为研究知识不能抛弃其社会因素的影响而已。现在我就讲一讲我的计画。我以为可分下列诸点来讨论：

第一是关于逻辑方面。向来研究逻辑决不会连想到社会的因素。例如唯物派主张否定之否定以及相反者之合一与渗透，由量变为质等法式。他们以为这是千古不易的真理，是自然自足的实情。而在我们看来，却完全不是那么一回事，乃只是由社会所要求而始发明的。反之如传统逻辑上的同一律，其情形亦然。所以就我的观点来看，唯物派攻击传统派与传统派攻击唯物派，同是一样地为他

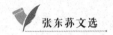

的社会因素所拘,以致于互相水火。倘能从我的观点,便见这个互相攻击未免好笑。

第二是关于哲学上的问题。我现在所取的态度与一向的哲学家不同。他们总是自己迷在哲学内,想努力以解决哲学上的问题,例如心与物的关系问题,宇宙是多元还是一元的问题,质与式的问题,等等。我则先不从这些问题本身着眼,而先查一查这些问题何以会发生?发生了与人生有何关系?解决了对于生活起何作用?为什么只是怎样而不会别的样子?这样一想,便觉这些问题不仅其本身成为问题,且何以会有这样的问题亦就成为问题了。所以,我想从问题以外来看问题,这便是多少采取知识社会学的态度。

第三是关于哲学史。从社会学的立场以研究哲学家的思想,自然是考查哲学家的时代与那个时期的经济政治状态,以及其个人的社会关系。我对于这样研究尚未能十分满足。我主张不把一个一个的哲学家作对象,而把哲学思想看作一个很长很长的不断之流。在这个流中,我们务必想法发见其文化的背境,于是便把哲学史当作文化史。从思想的变迁上映出社会的变化,从思想上有新问题发生证明文化的阶段。把所有的各种思想连续起来作一个长流来看,看出其背后的社会文化的过程。

除了这些方面以外,尚有几个问题。

第一是关于言语的问题。我在此处却要和卡那魄、纽拉司(Neurath) 等人异趣。他们所主张的是所谓"物元主义"(Physikalismus),我则以为言语不能尽还元到物理的报告,大部分的言语是表示"价值"的。正由于人类有希望、有感情、有意志,表示这些都是用言语,所以言语的主要作用在于表情,而不限于达意。尤其须知的即这些情感的交通,乃是社会的。因为言语完全是为交通而设,因交通而情感凝合遂有社会,故言语本身就是社会的。言语的构造上如有特殊处,必定即表示那个社会的特点。因此我把言语列入社会现象之一,而以知识社会学的方法研究之,不采取他们的物元主义。

第二是关于态度的非难。必定有人对于知识社会学加以非难曰：你主张社会因素左右思想，则你的思想亦必为社会因素所决定因而必非真理了。其实这样的攻击可施于任何学说，卡那魄的物元主义亦曾同受此种诘难。就是说：你主张一切言语若不能还元到物理即为无意义，你这个主张就不能还元到物理，故你这句话即为无意义。美国的行为派心理学亦曾受此攻击。就是说：你主张思想只是喉管中潜伏的动作，则你的思想只是你的喉中动作，便不足表示真理了。我认为这个问题确有解决的必要。英人罗素（Russell）想用"层次"（type）来解决，我则以为专就知识一点来论，知识本是一个怪东西，知识确为知识以外者所限制；然而发见此限制仍就是由于知识，这便是一班唯心论者所不能不把心列为最后者的缘故了。但我则以为这是由于观点不同。知识社会学是以科学的态度，以知识的对象而研究之，如果接受此诘难则便换了观点。因为诘难者是以哲学为主场，而想取包括态度。我个人对于这一点深感有调和之必要。但苦于学力未足，到今天依然毫无把握，不知将来能有法打通否。

以上所说只是略抒我近数年来的感想，亦是我近来所祈向的方向。

士的使命与理学

这是一件怪事：昨天（一九四六、十、三）忽然接到一包稿件，我打开来一看，乃是我自己的旧作。内中还有致张君劢先生的信。现在把信抄在此，便知此事的原委。"立兄如晤：致家兄与邓公函已收到。邓公另有复信。家兄近益衰老，万难跋涉长途，来书院任事。公来信措词太露。须知所有信件俱由日宪兵查阅，并拍照留底，小有问题，立即拘捕。惟弟已向此间美英使官说通，以后往来信件均肯代为携带。请公亦向使馆交涉，当无不允。须知弟在虎穴中无时不可发生生命危险也。拙作一篇即托彼等携上，如《再生》不登即送《东方杂志》为祷。八、十日逊上。"

原来在南京沦陷后，政府移到汉口的时候，我在汉口与君劢先生商谈，本有再办一个书院的计划。他托我到桂林去看地，以便造屋。迨我到了桂林，白鹏飞先生要请我在广西大学任课。我以为燕京大学如能存在，不如在沦陷区多照顾几个未能入内地的青年为宜，乃即潜归北平。后来不久闻知君劢先生的书院居然在大理成立了。果尔又有其亲笔来信，约家兄孟劬、友人邓文如先生、陈同燮先生去担任中西历史。这便是那时我为书院而作的一篇文章。当时满以为寄去了，却不料今天反而寄回来。其中必有曲折，亦不必去追究。就中所言的虽经七年，似乎尚未过时。所以特把他寄给《观察》，一则聊存鸿爪，二则亦是这个问题还有提出讨论的必要。三十五年十月四日。

一

我对于理学（本文称道学，后又分出为心学）另具一番见解。这个见解蓄在心中好几年了。因为如果写了出来，必定多参考几本书取得充分的证据。无如我任课太多，在上课的时候总是不能写文章，以致心中虽具这个见解，总没有机会把他写出来，以求教于当世贤哲。现在友人张君劢先生又要重整书院式的教育，虽不见得完全取法于理学家讲学的办法，然而至少有若干的关联，因而使我更想把这个意思提出，以贡当代人士的讨论。不过现在不是平常时代，作文只能求其达意而已，却不能多多引证，因为没有充裕与安闲的时间去翻书。所以本篇依然只是草草叙述，只希望我所主张的要点无有遗漏，至于引证的充足与否则一时顾不到了，还请读者谅之。

二

我对于宋明理学的见解，和当代贤哲颇为不同。据我的私见，有几点可得而言。

第一是我承认宋明理学确系继承孔孟之教。世人多以为理学是受了佛教的影响，把孔孟的真义失了。理学思想经过佛教的影响，当然是事实，不过据我所见，只在方法一方面是受佛家的影响。关于这一点，下文当详说。至于真正的内容，却可说依然由孔孟推广而出。他们的议论虽不是孔孟自己所说的，而说孔孟所说的来推，却未尝不可推出这样的结论。所以理学与孔孟不是两回事。

于是我们先要讲孔孟。冯友兰先生说，孔子就是此"士"之阶级之创立者，至少亦是其发挥光大者。因冯先生不承认在孔子以前即有一种非农非工非商非官僚之"士"，不治生产而专待人之养己者。这些话都很有意思。（冯先生并辨明士大夫的士，与此处所谓士不相同，亦甚是，因为乃是官职的名称。）我们不要注重其非农非工非商，而要注重其"非官"这一点。大概以前所谓"学"都是指一种技能：农必须有农的技能，工必须有工的技能，而作官亦必

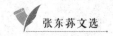

须有各种职官的各种技能。孔子讲学不是如此，乃是只旨在造成一种"道德的人"。这种人在社会上只是主持正义，使一个社会内有是非的标准，完全靠这种人的"清议"，亦不一定要得政权以实行其道。"可以仕则仕，可以隐则隐。""得志则与民由之，不得志则独行其道。""不怨天，不尤人。"其功用不全在于"以其道易天下"，而却在作"中流砥柱"。只须有所影响，不必大行其道，而社会就可以蒙福。其故在于凡行其道者必先得政权，这便是自上而下。

孔子以前都是自上而下的。到了孔子，孟子尊之为"素王"，就是因为不能由上而下了，于是只好由下而上。这乃只是文化上、政治上一个极大的转变。我们须知自上而下的是个"威权"（authority），是个"力权"（power）。一个威权力权倘不加以制限，无不流于滥用，因而腐败了，必须另有一个自下而上的以为"对抗"（counterforce）。这个对抗足以矫正在上者，使其有清明之气。可以说政治上的清明之气，全靠有自下而上的推动力。孔子以前，文化未开展，只有自上而下的统治，就可以使人民得福利。后来却渐渐分化与腐败了，所以时势上自然有创立一个自下而上的对抗力的必要。孔子应运而生，在中国历史上真是一个划期的事。似乎在孔子以前并不是没有士，不过那种士只是作官的"预备者"，孔子把他们另付一种特别的使命。所以严格说来，士的阶级不是孔子所造，而士的新使命却是孔子所创。从此中国政治上有了防毒素。因为威权政治总是要自身中毒，倘能时时打血清，纵使不能完全去毒，至少亦可减少其中毒的分量。"士"的人们在社会上发清议，作争谏，便把一个社会内的清明之气唤起来了，以从事于抵抗这个自身中毒。友人张君劢先生常说，一个国家必须容人民有透气的所在，就是这个意思。如果压制得丝毫不透气，则这个国家决不能长存。所以我认为中国能有数千年的历史，中间虽有外族的侵略，然幸能绵绵长存以迄于今者，在外国史家有谓由于统一的行政制度，有谓由于文化的统一，而我则以为至少这个民族的防毒素是有几分力量的。因为有了防毒素，才能够保持民族的"活力"（vitality）。凡一个民族苟不失掉了"活力"，终久必会抬起头来；即使一时压倒，亦必会翻身的。所以我愿用一个不十分切的比喻，以为孔子创立"士"的一批人，便好像英国立宪史上的创立议会差不多，同是对于政治立一个透气的所在，使人们不致在威权主义下闷死。所以孔孟之教，其精神上本是反抗的，不拘其反抗的方法如何——以复古为反抗现状，亦不失为一种反抗。不但对于当时是反抗，并且永久是反对的，因为他是自下而上的一种防腐作用。陶希圣先生把孔子认为是贵族阶级的辩护者，由于表面上只看见"君子""小人"之分。这样研究学问简直是胡闹，真不值一驳。能继承这一点的便是理学。至于清儒的考据学在政治社会道德上毫不生作用，不能与理学相提并论。

三

其次我们应得讲为什么政治上由下而上的运动必须与道德合而为一。换言之，即何以表面是道德运动而里面却是政治问题。我们应得知道一切道德的要求，都是根据于社会。不但维持社会必需要某种道德，即改造社会亦必需要某种道德。威权的实行必须有道德的根据，即从道德上要求人们的服从。如人们在心理上不承认有服从的道德，即威权亦不能长久下去。在这一点，我是佩服卢骚（Rousseau）的炯眼。他以为一切社会关系如完全基于"力"，必致没有任何团结。凡是社会必须建立于"同意"上，这就是所谓"道德的"。所以社会的维持必是靠人们各各在心理上承认有这样的一回事，且引以为对。至于破坏秩序，则更需要有一种另外的理由为其原动力，然后才能有所活动。可以说都是心理的，亦就是道德的。所谓道德的，是指当事人觉得这样才"对"而言。凡有"对""不对"的判断，都可说是属于道德范围。且不仅此，对不

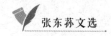

对的判断必用于人与人之相与。改造社会的人固然否认现状上的道德观念，然而倘欲掀起一个大运动，必更须有一种力量以吸引人们来同情于彼。这个力量，就是道德的。一个宣教师所以能传教，唤起许多人跟他走，这个力量必须是道德的。所以社会的维持与改变其背后的力量，根本上是具有道德性质的。明白了这一点，便知道没有一个社会理想其本身不是一个道德观念，同时没有一个社会的变化不是先从道德观念变化起（纵使道德的抽象原则自身不变，而其具体的应用与范围必大有变化，因为非如此不能推动社会使其改变）。根据这个意思，当知我所说的这种自下而上的运动只先从道德方面着手，乃是当然的了。

说到此，又有一点必须同时说明，方能完全明白。就是须知这种自下而上的活动，只在于透气、防腐、灭毒，而不可认为是革命。所谓"知其不可为而为之"，便是明证。倘若从事革命，即无"不可为"了。革命是乙势力推翻甲政权，后来又成为乙政权。乙政权依然可使在下者不得透气，或许丙更起来革命。而这种透气与防腐的作用，却不须有这样轮替的变化。只好像对于一间房子开有通风的洞一样，只须时时有新鲜空气流入，不必把这个房子拆了重盖。所以"士"阶级的存在，从一方面来看，永久是政治上的通风洞，使清明之气得息息相生；而从他方面来看，却又是维持秩序的。自孔孟以迄理学先生们所讲的是纲常名教，这都是所以维持社会的。但我们不可因此遂谓都是专为统治者张目。因为不是对于某某一定的统治者或阶级有所护助，乃只是普遍的维持秩序而已。任何人都可以利用这个维持论以保护其自己的地位。其故即在于这种自下而上的"干政"，只是"干"而已矣，并不要"执政"，且在势亦永不能执政。原来只是"知其不可为而为之"，"道之不行已知之矣"。

所以，这种"干"政的人必须要立足于道德问题上，且其本身所需要的道德尤须高出常人数倍。其情形有几分好像西方宗教上所谓"殉道者"（martyr）。《孟子》上说："无恒产而有恒心者，惟士为能。"何为恒心？即"养其大体者"，亦即"所欲有甚于生者，所恶有甚于死者"。故能至于"富贵不能淫，贫贱不能移，威武不能屈"。关于此点，下文尚须多多讨论。

现在又须说到一个附义。即这种"士"并不是一个严格的阶级，因为没有经济的背境。不但没有经济的根据，并且因为士是"不治产"的，其社会的地位至不巩固，这乃是一个大缺点。所以由于经济的压迫只得流入于官僚。幸而还有一个好处，就是士的学问不是十二分专门，只须几本书（例如后来只须《论语》《孟子》《大学》《中庸》四种），在乡间亦容易得到。有些理学家都是出身于农，便由于此。凡出身于农的，都能有充分活力。这一点足偿前一点（即流入官僚）之失。

四

自从韩愈说："斯道也……尧以是传之舜，舜以是传之禹，禹以是传之汤，汤以是传之文武周公，文武周公以是传之孔子，孔子以是传之孟轲，孟轲死不得其传焉。"尧、舜、禹、汤、文、武、周公是他们的托辞，不必多讲。以孟子来继孔子，足见后世所谓"道学"（即理学）乃只是孟学。从此以后都顺着这个趋向而走，其所注重的便是孟子所主张的"反身而诚"与"养浩然之气"等等神秘的方面。至于他们以为孟子得孔子之正传，亦未尝不由于孔子的话亦有这样倾向。例如《论语》上讲"仁"，从最浅的方面来说，是只等于"爱人"，但从最深的方面，却说"若圣与仁，尧舜其犹病诸"。可见从修养上修到仁，并不是十分容易的。因此后儒把仁当作一个特别境界，这原是可以讲得下去的。所以我说理学上所讲的验之于孔孟，并非不可通，不过不明显而已。因此我认理学确是继承孔孟之教。

此说和时贤以为孔孟平常而宋明玄妙之说颇有出入，其故因为我的着眼在于欲提高道德必须以形而上的神秘为背境。没有这

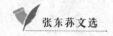

种背境，决不能解决道德的保障问题。普通的道德和这种情形不同，因为只是拘束常人的，只须拿习俗与法令便可把他们规范着了。而负了特别使命的"士"则不够，必须把寻常的道德（即由习俗而成的）视为非道德，而只自己制出更高超的道德观念。须知这种道德观念，与实际利害祸福必不一致。于是便发生一个问题，即为什么要作好人？因为作好人不得好报。若解决这个问题，又必须把神秘经验抬出来，使自己的的确确觉得小我已与大我合一。于是人生意义与道德保障便完全寄托在这一点上了。所以我说理学内无论有何派别之争，而大体上终脱不了是神秘的整体主义（mystic internalism）。证以张子的《西铭》颇为显然。总之，都是想把我与天合一（即与绝对合而为一），于是我尽其性，则我之一举一动使心安理得。故我看透他们主张整体（即万物一体）乃是专为道德立一个最后的托子，使个人有安顿处。有了这个天人合一的"尽性"，则行为上一切利害祸福便不发生问题了。你如专从学理上看，你可以说这是一种形而上学。你从社会上有这样超世俗的道德的需要来看，你便知道此种理论不过是要满足这个需要，使这些人们安然生活下去，得在社会政治上起一种作用。

从我这个观点来看，我便以为这个形而上学只是添上去的。但这个添加却是必然的。所以就必然的推演而讲，由士的奇特使命便必然生出这种小我与大我打通的人生哲学，由这样人生哲学便必然生出万有一体的宇宙论或形而上学。这种推进虽只是一种逆溯，然却是必然的。因此我主张纵使中国不与印度思想交通，其推进恐怕亦必定是如此的。所以有人以为宋明理学完全是从佛理蜕化而出，其实这是知其一不知其二之谈。

五

但理学确是受了佛学的影响。我现在即要讲其所受的影响，究在什么地方。照上文所说，当知关于整体观念一点，虽事实上理学亦受佛教的影响，然在论理上却并不是完全出于佛学。可见其最受影响的地方，不在于思想内容，而却在于方法。何以故呢？据我所见，乃是由于孔孟虽本含有神秘主义，却始终没有所以亲见此神秘之方法。换言之，即没有修证方法以亲证此种境界的确实存在，至多只能有理论上的推论。而这些理论上的推论，好像"一尺之棰，日取其半，万世不竭"等类，虽足以证明万物是无尽，宇宙是一体，然总不免流于诡辩。诡辩便很难令人完全信服。所以于此种理论的推证以外，必须另外还有有力的证明。这一点上恐怕中国的学者已经很少有办法——庄子的"坐忘"其方法早已失传了。当此时恰巧印度思想传了进来。印度思想始终是两方面兼顾的，有如鸟之两翼，车之两轮。这两方面就是知识上的理论与修行上的实践。知识方面的那一套理论，比中国要玄妙精密得多。可惜有一点比中国不同，就是印度这一套的理论纯粹是形而上学，换言之，亦可以说是宗教性的。不像中国的那样，是道德方面的（即伦理性的）。这种纯粹宗教性的形而上学，因其主旨在于出世，在中国"士"看来，便没有多大的用处。因此他们不甚接收其理论方面的东西，而事实上却对于其方法不能不引起很大的兴趣。正因为在这一方面是他们所本来缺少的，且须要补充的，于是他们自然而然受了佛教的影响，他们自己亦不知道影响在何处，后人研究亦就专从表面上看了。

就印度的一套修行法来说，虽有种种派别不同，而大概可以总称之为瑜伽（Yoga）。用不十分的严格的话来解释，亦可说就是"禅定"。关于这一点，我在拙作《论出世思想》一文，言之甚详，希望读者能一参照，现在且不多述。

这一套方法不外乎把人"心"变化一下，能见到绝对——即所谓直证真如。但此法又有顿、渐二途。大概印度所修的以渐居多。胡适先生论禅宗，以为顿悟是中国人所发明。我对于考证向未用功，不敢说其中有无问题。退一步讲，设此说而真，则中国除了发明顿悟以外，还有一个大发明，就是把出世的修悟方法而用于

入世。作此种发明者就是理学家。所以我愿对于理学上一个徽号曰"中国的瑜伽"（Chinese Yoga）。

谓余不信，请列举各理学家的见解和其自身的亲历以证之。先讲其修行的经历如下：（一）胡安定（瑗）"攻苦食淡，终夜不寝，一坐十年不归"。（二）邵康节（雍）"怡然有以自乐"。（三）周濂溪（敦颐）"尝得疾，更一日夜始苏"。（四）程明道（颢）"充养有道，和粹之气盎于面背"。（五）程伊川（颐）"尝瞑目静坐，游定夫杨龟山立侍不敢去，久之乃顾曰：日暮矣，姑就舍。二子退，则门外雪深尺余矣"。（六）张横渠（载）"疾作，抵临潼，沐浴更衣而寝，旦视之，逝矣"。（七）朱晦翁（熹）"其色庄，其言厉，其行舒而恭，其坐端而直。……倦而休也瞑目端坐；休而起也整步徐行；中夜而寝，即寝而寤，则拥衾而坐，或至达旦"。以上不过随便举几个例而已。至于以后，象山、阳明更是靠顿悟工夫了（阳明赴谪至贵州龙场驿，忽中夜大悟格物致知之理，不觉呼跃而起，从者皆惊）。姑举王门的两个例：（一）聂双江。"狱中闲久静极，忽见此心真体，光明莹彻，万物皆备，乃喜曰：此未发之中也，守是不失，天下之理皆从此出矣。乃出而与来学立静坐法，使之归寂以通感。"（二）王心斋。"一夕梦天堕压身，万人奔号求救，先生举臂起之，视其日月星辰失次，复手整之，觉而汗溢如雨，心体洞彻。"即此亦可概见其余。

可见他们不独在思想上主张修行，并且自身亦实行之。至于他们的修行方法，如周濂溪主张无欲，"无欲则静处动直"，邵康节主张"心一而不分，可以应万变"，张横渠主张"大其心则体天下之物"，程明道主张"须先识仁，仁者浑然与物同体……识得此理，以诚敬存之"，程伊川亦主张"涵养须用敬"，至于朱子亦有"半日静坐，半日读书"之说。

总之，他们主静或主敬，都是一种类乎瑜伽的方法。此种方法把人"心"使之变质，使其不囿于见闻，而直接与外物相通，这乃是一种变态心理（但非普通所谓变态心理）。他们把印度人的方法原来只用以窥证真如的，却拿来用于处世。换言之，即把限于在宗教上的方法，却移来用于人生问题上。再换言之，即把出世的证觉了悟的方法，改为处世接物对人之用。我最初认为他们是失败了，因为二者在性质上太不相同。后来我又想了一想，觉得其中确有一部分的奇怪，就是他们的注重点不仅在"寂然不动"而尤重在"感而遂通"，必须寂然不动方能感而后应。即寂然不动只是一个手段，为了达到感而遂通的目的。例如濂溪于静虚以外，必须更有动直。这便是他们和佛家大不相同。似乎佛家只求寂然不动而有所"见"为止，此见即为见本体。从出世的观点来讲，当然见了本体就完了。从宗教的观点，亦只须见了本体就完了。因为见了本体，便安立了信仰。但就入世的观点与作人的观点而言，则见了本体还不能完事。按理，入世与作人本不须要见本体，不过为了道德的保障与人生的意义起见，见了本体便大有用处。其作用可以说不仅是使顽夫廉，懦夫立，并且可使人临死不惧。这便是上文所说为了"殉道者"而设的了。所以中国的瑜伽与印度的不同。印度是属于宗教的，而中国是属于道德的。在这一点上，我们不要以为理学是乌烟瘴气，而遽谓为毫无价值，其实乃是一个大发明。

六

这个发明的可贵处，即在把印度的瑜伽的性质改变了。印度的瑜伽因为与出世教相连，总不免由"寂"入手而终于慈悲。而中国的这种瑜伽却无论用顿悟或渐悟，其结果乃是得着一个"乐"字。所以他们注重在日常生活，务使在日常生活上，把此心使其"活泼泼地"，遇事便可"当下合理"。这就是所谓"动直"与所谓"静亦定动亦定"。可见他们不是专在静中求明心见性，乃是在动中（即日常生活一举一动中）求尽性乐天知命。有人以程、朱是理学，陆、王是心学，我所说的只能适用于陆、王。此说实为皮相之

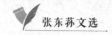

见。程朱所讲的"理"，并不是离了人以后的万物之"所以然"，乃实在是与人合在一起的万物之"所以然"。我们把整体观念加入其中，便不致有此误会。从这一方面看，便见中国的理学总是关乎行为，并无宗教的意思，亦可以说他们把宗教性的神秘移用于极寻常的行为上。于是一切德目，如忠孝节义，便都有了自然而然的安托。我们只须一检《东林列传》，便见那些人的死节之烈。东林不过一部分人而已，然而亦可概见其余。其故即由于"不知生死，必不能忠义；不知忠义，必无经济"。即以形而上的见性，为人世上道德的保障；以有保障的道德，而从事于政治活动，则必更为有劲儿。所以我说理学不是纯粹的哲学。

根据这一点，我们又可见所有的理学家对于政治无不干与，这原是出于他们的济世利人之心。这种济世的心，是从"民胞物与"的观念而来。固然从儒家的道理上讲，是修身、齐家、治国、平天下，一个士人修了身自然会推到治国平天下。不过照我的观点来看，依然是为了治国才去修身。所以"欲治其国必先齐其家，欲齐其家必先修其身"，这句话倒是颇有所道破。换言之，即本来是只为治国平天下，至于修身诚意不过是个手段而已。可见政治活动是他们的真正目的，至于由自己的道德问题而上溯到形而上学的悟道，都不过直接与间接的手段罢了。所以我说"士"阶级的使命，根本在于"干"政，其讲学不过手段而已。可惜他们的干政与泰西所谓宪政、革命等等完全不同，只是想"致君尧舜"。这种办法，乃是一条绝对走不通的路。不过他们却"知其不可为而为之"，至少亦未尝没有若干成绩，就是把专制君主的腐败暴虐稍稍挽回了些。所以我说，他们只是威权政治高压政治下的透气洞与消毒素。倘使没有他们，政治的自身中毒还要来得快些，社会的自行奔溃还要来得急些。他们在历史上的使命，在我看，可算已经尽了。

到了今天，士的阶级已完全不存在。其故有二。第一是到了清朝……表面上虽推崇所谓"正学"，而实际上对于读书人已早不容其有这种气概，以致流于虚伪，而饾饤的考据学乃乘运而起。第二是西方文化的传入。西方文化有一个奇怪的地方，就是在西方本土可以把宗教与科学合在一起。因为在西方人，这种调合只是事实上莫知其然而然，本没有逻辑的关联可言。而凡传染西方文化的他种民族却无法这样照办。所以科学与宗教的冲突在西方人不过是一个理论上的问题，不致引起生活上的冲突；而他种民族则不然，苟一传染了西方的科学，必定动摇及于全部生活。所以清末数十年，总时时有"中学为体，西学为用"的争论，就是为此。——直到现在还有人提起，可见其中确有问题。由于这二点，所以士的使命在历史上可算已结束了。

七

如拿西方情形来比较，我们虽则很难在西方社会上找到与"士"相类似的阶级，这原是中国社会的特点，我并且认为这是中国民族的优点。中国民族屡次被外族侵略，而侵入的外族其本身都没有类乎"士"的阶级的那种性质。他们虽握了统治权，而却不能不吸收中国文化。而他们所吸收的中国文化，只是中国文化中的腐败方面。其结果他们腐化了，渐渐至于衰亡，而中国民族本身，仍由士的阶级在千辛万苦中维持其一线的生命。中国所以能有二三千年的历史，比外国任何民族的生命都长，据我看，就是由于此。

退一步来说，我们可以勉强拿欧洲政教分离以后的教士来比中国的士。耶教在欧洲政治上不能说没有很大的影响。因为政教分离以后，教乃偏于注重"个人良心"，自然便带了一些反抗强权的味儿。泰西的个人主义、自由主义与其说是纯出于政治运动，毋宁说是隐然由宗教而衍进的。就中尤其是所谓"清教徒"（puritans），其守身律己不下于中国的理学家。美国的建国全靠这种清教徒，这是大家所共知的。

我们如把君主官僚军阀列为第一第二阶级，则士便是第三阶

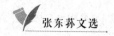

级。但与西方的中等阶级却不十分相同，因为在西方中等阶级与工商业大有关系。宗教上的个人主义与政治上的人权革命，以及经济上的工商业发达，乃造成中等阶级的得势。中国的士却始终没有得势。有人主张中国今后亦应该仿照英国来一个产业革命，已故的丁在君先生曾亲口对我这样说过，不过现在的情形恐怕已经错过了。所以我不认中国的士就等于西方的中产阶级，我只能说士的使命在中国历史上算已经完了。

本来文化的开展是渐渐向普遍而趋的。在君主官僚握一民族一国家的生命的时候，这一个民族或国家便靠着他们以决定其前途。推演下去，久而久之，他们在势不能把握这个生命了，自然另有阶级来担负其使命。士的阶级的产生，就是因为君主官僚不能应付这个时代的使命了。从这一点来说，我敢说中国今后担负这个使命的，恐怕已经由士而移到大众了。马克思说劳动者无祖国，这是指另有阶级担负国家责任的时候而言。在那种状态下，劳动大众自然不负国家的责任。然而等到文化下移以后，国家的责任与民族的前途便会自然而然移到大众的双肩上。于此所谓大众，不是把士除外，乃只是使士与大众打成一片。自知识与品德而言，恐怕士还是居领导的地位。

士的使命在历史上已经尽了，今后有一个新时代将要来了。士如果要仍然担任一些使命，则决不能如产业革命者所主张，化为欧美式的中等阶级。我以为只有加入大众中，在大众中除了担任技术知识的需要以外，依然可以行使其提高道德的任务。换言之，即把大众的道德水准设法提高，这就是他们的唯一任务。（不过其中仍有个生活问题，似十分复杂，但本篇以篇幅有限，不欲讨论。）所以理学不是完全过时货，不过必须有人出来为之大加整理，使其与现代的需要相符合，而删去一切迂腐之谈。这便是我所希望于君劢先生所办的学院的了。

告知识分子

　　近几个月来，平、津、宁、沪以及其他各地的知识分子，普遍地恐慌起来了。有人这样告诉我，我又向各方查看了一下，确是如此。这个现象使我非常奇怪。按理我以为知识分子不应该恐慌，即是用不着恐慌，于是我们不能不分析其原因。我承认知识分子多少都是有正义感的，不过各人在程度上有些高下而已。但其正义感往往是在本身利害较远的时候乃发出来，即愈是与本身较少直接利害关系愈能发出正义感，一旦变得利害迫近于己身，则其正义感便会变了颜色。这不仅知识分子为然，任何人亦都是如此。因为我推想在政协的时期，知识分子，除了极少数外，大概都是赞成的，因为和平一成，各人的出路自然会广阔起来。又记得抗战第二年，彼时南京已陷敌手，我到桂林遇着白鹏飞先生，他在那时是广西大学校长，对我说：我们这些文化人正好像鱼一样，现在却是池子小起来，都挤在一处。平心而论，中国这样大的一个疆域，苟能分配到各地，恐怕现有的这一些知识分子未尝不可人尽其才，或许人数还不够用，亦未可知，哪里会有恐慌呢？可见今天恐慌的来源并不仅在于预料将来会有一个社会翻身，而引起忧虑，而同时却亦在于当下的情形确把各人的岗位搅得不安了，这乃是出于战争之赐。

　　一个人而能成为知识分子，必须要靠一个条件，就是"闲暇"。社会学家告诉我们：人类是有所谓原始的贫乏，就因为这个原始贫乏乃把人类的原始闲暇打破了。人类为了生存的逼迫，没有闲暇，闲暇是社会进化有了分工以后的产物。所以在私有财产制度之下，有闲暇的人就是有财产的人。必靠财产方可不直接劳动，不

169

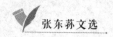
直接劳动乃有闲暇，有闲暇方可有机会以从事于知识的取得与进展。因此知识分子在其经济背景上便与有产阶级相连，这原是无可奈何的事了。

于是我们分知识分子为两大类：一类是靠薪水为生，另一类不然。在后一类中亦不一定都是坏人。如英国的 H. Lavendish（1731—1811）一生躲在实验室中，在化学上建立奇功，却就是因为他家财甚富，可以不必去谋事，并还可自己费钱来做实验。这只是一个特别的例，不足以概其余。而在中国，尤其没有这样的人。所以我们大概可说后一类人在道理上应该是有问题的。

不过像中国目前的情形，因战争而滥发纸币，不啻把经济重新分配一下。原有的富人都变了穷人，只有与豪门官僚资本有关的才站得住。在这个情形之下，后一类人几乎变为极少数。这少数的人，如果其知识是价真货实，当然一转即变为薪水阶级的人，毫无问题。我尝说，一个人在社会有两标准以定其做人的途径，姑拿各尽所能与各取所需来作比喻，即可表明此理。各尽所能是说其向贡献一方面来发挥；各取所需是说其有基底的要求，基底的要求就是衣食住，等等。如果是以自己的劳力换取这些生活上的要求，不问劳力是属于身手，抑属于脑筋，只要大体相称，便可立于天地间，无愧于心。所以凡是靠薪水为生的知识分子，只须其工作满意，其生活既是不由于剥削，则无论社会如何变化，实在无恐慌的必要。

如果有人以为将来社会大大变化了，便使有些知识变为无用，而靠此种知识为生的人即失去其薪水地位，我认为这个顾虑亦不见得正确。姑以学死言语的为例。如治拉丁文、希腊文、梵文的人，苟其将来还要全部文化，则这种人仍有其用处。这个问题只在将来的社会是否须有一个全盘计划。如果社会含有计划性，则教育不能不有计划，在计划之下某一种知识的教员需要若干人，将来要造就的学生若干人，都得在计划中厘定之。所以不是治拉丁文、希腊文、梵文的人全无用处，乃是不可有大批人专从事于这种无用处的研究。

当知今天中国的问题所以致使知识分子不安，只是由于在经济分配上，直接生产者反弄得穷困到无法维持生活。这是最不公平，最违反人道的。今后必须使直接生产者提高其生活水准，使其能过"人的生活"，却并不需要因此反把一切非直接生产者都打倒。因为社会本是一个异质结合，各种不同的职能都得要。知识分子固不是直接生产者，但亦未尝没有在社会总体中所应尽的职能。倘能尽其职能，即应得有生存的权利。至于将来为了全国增产的要求，而必须全体人民实行消费节约，知识分子应该比现在的生活更降低，这是应该的，大家得准备接受。知识分子如有自信，不应怕打倒，且亦决不会被打倒。

这个问题只在知识分子自己是否有信心。第一，要检查自己生活基础，倘使不建筑在他人的剩余价值之上，一切全无问题。著者没有一亩田，一间屋，一张股票，所以常常对于论坛上的左派提出异议；第二，要看对于将来的变化是否相信道理。如果以为有一个道理，使将来的变化不得不依着以进，则在这个道理上，社会变为合理的，我个人则在此合理中生存得更有意义。倘使以为将来可能变到坏，变到不合理，则凡不合理必定变不成功，谁要成功谁必合理，既不会成功又有什么可怕呢！著者在国民党北伐时代即持此态度，当时即以为国民党如要成功，我们不会没有对国家贡献的机会；如其不然，决不会成功。现在国民党果有今日，遂使我对于道理的信心更为坚定。

中国的道统——理学思想

在前章中讨论儒家思想把其特色都说明了，而主要的地方都在于即认这些特色正是中国道统的精神所寄。本章将继续前章而述儒家思想到了后来的变化。所谓后来的变化是指印度文化的佛家思想传入以后，那时中国固有学术所起的反应与所受的影响而言。在这一点上，我的主张很与一般人不同。我是特别注重于思想自身内部的发展。我在未详论以前我先提出一句结论的话：就是我主张宋明理学家的思想从儒家思想本身内部来看，苟要向形而上的方面去发展是确有形成理学的那样一套说法之可能性。这句话的含意是说外来的佛教思想在思想内容上没有给他们以很大的影响。不过我并不是说这些理学家绝对不受佛教的影响。他们所受的影响毋宁只是刺激，所以严格来说，不得名之曰影响。这个意思恐怕非俟读者把本章看完了以后，方会自然明白。

印度的佛教的入中国来对于中国思想不是全无影响。因此，我们要述宋明的中国思想自不能不夹叙佛教的传入，佛教所以能盛行于中国，当然是由于帝王之提倡。这是属于社会方面，我现在只谈其关于思想本身的一方面。我以为儒家到了后来（即汉朝）无不兼收道家的成分在内，道家与儒家之最不相同处即在一为积极救世，一则消极无为。后世儒者以当时的时势关系积极救世的味儿愈来愈减少。其处世之态度愈来愈与道家合流。印度的佛家思想有许多地方是与道家相近。中国人既有了道家思想作其背景，自然会很容易接受佛教思想，换言之，即因为有了道家思想在中国人的人心上浸染了一番，则对于佛家思想的传来自不会感到格格不入。佛教思想传来以后，中国思想界上所受的影响有两点可言。第一点，在对于固有的"本体论上概念"（ontological concept），换言之，即本体之观念（idea of substance）更加强盛与显明且使其变为重要。第二点，是在"思想之格式"（thought-model）上使中国思想染了印度的色彩，换言之，即中国人于运思有时不自觉地会使用印度思想上的一些范畴。这两点而实只是一点，故我合并讨论之。总而言之，似可说自从佛学传入以来中国思想由非形而上学的乃一变为形而上学的，由少许形而上学的一变为十分形而上学的。请先言本体之概念。《老子》上有"有物混成先天地生"云云，这就是含有supernatural（超自然的）之观念。又云"视之不见名曰夷，听之不闻名曰希，搏之不得名曰微……绳绳不可名复归于无物是谓无状之状无物之象。"这就是含有super-sensous（超官觉的）之观念，这个超自然与超官觉正足以形状本体。所以在道家方面这个本体概念是固有的。不过在儒家却不显著。天字不见得能与本体概念相当，于是宋明理学家的使命就是想把儒家思想中本来有些缺乏的本体概念加重其分量而使化为显明并居于中心地位。这乃是受了佛教的影响（或刺激）所使然。换言之，即把儒家思想中的形而上学味儿加浓。我以为这乃是出于文化的要求。叔本华（Schopenhauer）以为人类有形而上学的天性。康德亦有把形而上的思想当作天然倾向的看法，其实他们只见到一方面即他们只注重理性自身之发展。我则以为这种天性虽未尝不可说是已早在人心中，然而其发现出来却有待社会环境上文化的需要。在上文已说过孔子所给予士阶级的使命是维持正义，保障道德由良心的力量使政治修明。这种人的唯一立场就是讲理。用现代的话来说即是提高理性，既要提高理性势必对于本人安身立命之所以然的缘故加以穷追彻究。于是一切形而上学所应有的问题都会自然而陆续出来：例如宇宙是甚么，人是甚么，我是甚么，我应该怎样活着等等问题，从自然的自然发现而言，自可说是出于人类的本性。但何以只有某某；一些人会先感觉到此，则

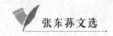

不能不归之于文化环境上需要所迫出。宋明理学家走上这一条路就是由于当时的文化趋势。

理学家中比较上几个重要人物往往轻过两段内心的变迁。第一段是由儒入释，第二段是由释入儒。姑不论其第一段内究竟是否深入释家的堂奥。然而其在第二段则显然是对于佛教有所不满。"辟佛老"一语可以说是理学的先河。这却远在宋朝以前。韩愈的《原道》一篇为后世所推崇并不是由于其文字之美，乃是由于其能代表一个将要来到的潮流。在这个辟释老之潮流以前佛教思想内部自身已曾起有变化。所谓天台宗与华严宗等中国人的创造力亦占很大成分。这些具有中国色彩的佛家思想有一个特点，就是出世的气味渐淡而把入世即等于出世。同时宗教的气味亦大减而变为纯粹的形而上学，我并不是说这样的潮流有助于后来理学之发展，乃只是以为在此等处可以看见中国民族之潜伏的心性，质言之，即中国人在其根性上就不喜欢出世的一套思想。所以后来自然会演成辟佛老的一种论调。不过本书不取哲学史的体裁对于理学不愿一家一派各别详论，以上只是说理学的前身以后当依照前章的办法述其要点。

宋明理学当然是儒家的继承者。西洋学者著中国哲学史称之为"新儒家"（neo-confucianism）。而在宋史上则列为"道学传"。道学一词由此而著。其实我以为反不如理学二字来得切当。因为道字在先秦儒家已经很重视了。独有理字似乎其重要性是与宋儒学说有密切关系。理学思想的根据大家都知道是所谓四书（《大学》《中庸》《论语》《孟子》）。其实主要的还在于《易》。据我看他们都是想以《易》与《孟子》打成一片，换言之，即以《易》来解释《孟子》。所以他们可说是从孟子这一派而出来的。本章的叙述方法亦是和上章一样专就那些重要的概念来分析其来源，其结果必见于上章所已提出的那些概念以外。宋明理学又特别注重"理"字与"心"字，但这两个字却都是由孟子而开始其重要地位。孟子说心之同然者理也义也。又说尽其心者知其性也，知其性则知天矣，可见理学家大部分是从孟子一派发挥出来的。但其中又有注重理的与注重心的之分，前者普通称为理学，后者有人名之曰心学。本章所述亦是以这两派为主，前一派是发展到朱熹而始大成。后一派亦是可以拿王守仁为代表，因此本章对于其他诸人只偶尔涉及而主要的则以晦庵与阳明为限。

先谈"理"字。在《中庸》上有"君子之道淡而不厌，简而文，温而理"，与"文理密察足以有别也"两段，都是把理字训为"条理"即"有条不紊"之意。《易经》上所有的只是下列四条并不多见：

和顺于道德而理于义。

穷理尽性以至于命。

将以顺性命之理。

易简而天下之理得矣。

总之，理这个字在《论语》上几完全不见，《中庸》上虽有之而绝不重要。《大学》亦不见此字。宋儒之所以注重理字大概取之于《易》与《孟子》。现在所要说明的只是何以一个"道"字不够用而必提出"理"字为之补充呢？普通口语总是"道理"连称。宋儒语录亦多用此口语。可见一说到理便不能离开道。但在宋儒以前却只是注重道字。因此我主张宋儒把固有的理字特别加重其意义拿来以充实这字的内容，这乃是宋儒在思想史上的一个大贡献。现在且将理与道之关系来说一说，姑以晦庵为代表其言如有下者：

道训路：大概说人所共由之路，理各有条理界瓣。

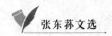

> 道便是路，理是那文理……道字包得大；理是道字里
> 面许多理脉。

> 道是统名，理是细目。

> 道字宏大，理字精密。

这便可见此处有一个思想的变化。就是发见必须有条理与文路
而后方会有人所由行的途径。人之所由就是由那个已有的条理与文
路，所以理字的注重是在于想补充道字的不足，道字与理字合用于
是于义乃得充足。

现在请即进而讨论"理究竟是甚么"这个问题，先以朱子所说
为代表其言如下：

> 问：天与命，性与理，四者之别？天则就其自然者言
> 之；命则就其流行而赋于物者言之；性则就其全体而万物
> 所得以为生者言之；理则就其事事物物各有其则者言之。
> （《语类》卷五）

> 理是有条瓣。逐一路子，以各有条，谓之理。

> 理是有条理，有文路子，文路子当从那里去，自家也
> 从那里去；文路子不从那里去，自家也不从那里去。须寻
> 文路子在何处，只挨着理了行。（《语类》卷六）

这显然是把理即认为条理，后世戴东原攻击宋儒以为理字原
义只指纹格并无深义。至于孟子所说弄得神秘起来这是宋儒之过。
我以为戴氏对于朱子此说似未注意。照此说而言，理字即在朱子

亦决与原义无不同，换言之，即并无神秘与玄妙可言。可见理字本身在宋儒并无大变化，而其所以能使之另具深义的缘故，则在于其学说系统。详言之，即在于宋儒使用"体""用"两个范畴来讲理之为何物。这两个范畴之发现却是受了印度思想上的"思想格局"之影响。但须知体用二范畴又必与隐显二范畴合用。隐显二范畴有时复与内外二范畴合用，在此处所谓内外是英文的immanent与transcendent，而显隐则是英文的 real与apparent。所以体可当于英文的substance，而用则等于modes（这是照斯披诺刹Spinoza的说法）。这种思想格局似乎来源甚远，不独印度为然，希伯来亦有这种思想格局，希腊当然不必说了。或者可说这样的思想格局亦正是顺着人心的自然倾向而进行一步以成的。宋儒采用这个思想格局以解释理，则理之性质便有不同了。他们以为"形而上者是理；形而下者是物"（《朱子语类》卷七十五）。而形而上者是体形而下者却是用。用是显出来的，体是自己潜在那里的。体是自存；用是依他。物又谓之器，他们于物与器两字以外更常用"气"字，气与质有时相同又有时不同。大概在朱子于气字有广义与狭义之不同。广义的气字就包括质字在内，就质字在内的而言则即等于器，因为没有器不是由质与气而成的。其实就是指"有形的"（corporeal）而言，所谓形而下只是说具有形可见。其对面是无形无迹。这就是英文supersensible。这种不可见不可闻的亦就是所谓超经验的。但超经验的并不是"非经验的"。例如西方哲学上的康德（Kant）主张经验的知识有非经验的成分，这乃是说非经验而不是超经验。至于体这个观念大概总得是超经验的而不限于非经验的。这便是形而上学与认识论的分歧点。宋儒只有形而上学而不置重于知识问题，所以他们所说"形而上"一语决不可当作"抽象的"来解释。在此有一个很重要的分别，就是理之所以为形而上乃由于理即是体，而并不由于理是抽象的，以抽象的来解释理，便是以西洋哲学上新实在论派的所谓的"共相"（universal）来解释理。这是冯友兰先生于其

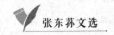

近著《新理学》上所尝试的企图。我则认为和宋儒原理相差太远。须知我未尝不承认宋儒的理与西哲的共相有相似的地方。我以为其相似却限于一、二点，就中以"自己潜存"（selfsubsistent）为最相同，但其他方面却甚有不同。例如西方的新实在论主张于实际的三角以外有三角之共相。于各种红色以外有抽象的红，如从心理学来解释似乎可以说这只是一个"概念"（general idea）。这样的"概括观念"（generic idea）其实只有一个"类名"（class name）。其单一性（unity）只在于其符号上（即名字上）。并不是实际上有那样的存在，所以关于这一方面我是采取唯名论（nominalism）的观念而加以修正，以为新实在论的主张毫无可取。亦许我和冯友兰先生不同的地方就在于此。不过我仍以为宋儒亦是不走这条路子的，因为"抽象"（abstraction）一辞无论按照Baldwin, Dictionary of Philosophy 或按照Hastings, Encyclopaedia of Religion and Ethics 总是属于心理方面的。是从全体中抽出若干点或若干方面。这样"抽出"（to abstract）乃是一种心理作用。正和"总括作用"（generalization）一样同是心理上的，换言之，即决不能离心而自存的。我当然承认抽出必有所据，总括必有所依，这乃只是所谓"根据"（ground）而已。须知根据确是客观的，而抽象与总括却决不能是纯客观的。至少亦得是主观与客观连合产生的"混血儿"（hybrid）这是借用（怀特海的创语），因此我不但以为宋儒的思想是与西洋近代哲学的新实在论不相侔，并且以为新实在论者主张共相是纯客观的亦复不合于真理。好像宋儒亦偏重于客观，邵康节说"不我物则能物物"，这种以物观物，只是在使我与万物打通而无隔阻，依然是以万物一体之思想为其背后的骨干，谓余不信再请看康节在他的《渔樵问答》上所说，"渔者曰：以我徇物，则我亦物也，以物徇我，则物亦我也，我物皆致意向是明天地亦万物也，万物亦我也，我亦万物也。何物不我，何我不物，如是则可以宰天地可以司鬼神而况于人乎况于物乎。"可见他们所取的物我一如之态度与新实在论者所主张的共相之客观存在并不相同不可比拟，其中有一个关键就在于共相有种类的不同。例如红有红共相，方有方的共相，但红的共相虽只有一个，不因世界上有许多红物而有变化，然其存在却与方的共相不发生关系。我们甚至可以假想红的共相竟会消灭了以后，方的共相依然自存。因为红的共相只有一个类名，类与类之间没有存在上的倚靠关系。红类不必因有方类而始存在。人类与马类之关系亦然，决不是有了马类，然后方能有人类。红方三角与人这些共相可以说必都是各各独立的。于是共相之种类便可有无穷数，彼此不相干，各彻头彻尾自己存在。倘使我们以这样的共相来解释宋儒所谓的理则必见其为不伦。因为宋儒所说的理只是一个。请以朱子之言为证：

> 问：万物粲然，还同不同？曰：理只是这一个。道理则同，其分不同。君臣有君臣之理，父子有父子之理。
>
> 理，只是一个理，理举着，全无欠阙。且如言着仁，则都在仁上；言着诚，则都在诚上；言着忠恕，则都在忠恕上；言着忠信，则都在忠信上。只为只是这个道理，自然血脉贯通。
>
> 问：既是一理，又谓五常，何也？曰：谓之一理亦可，五理亦可。以一包之则一，分之则五。（《语类》卷六）

可见宋儒所说的理是根本为一而发现为多，严格言之；不能说其是一，亦可便谓其为多。谓其为一，乃是就其通而言。谓其为多，则是言其发现于各处遂有不同的作用。既有通则必有总体。例如朱子在他的《孟子注》上云："仁者人之所以为人之理也。然仁，理也；人物也。以仁之理合于人之身而言之，乃所谓道也。"（卷七）我们倘照此而说：人之所以为人在于仁这句话并不是单就人之本身而言，乃是兼就人在全宇宙中所处的地位以及对于其他各

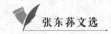

物所发的作用而言。人之理为仁即等于水之理为就下，水之就下水之性也；人之仁亦人之性也。由此引出性善论在上文已略言之。宋儒无不继承孟子之统绪，当然亦是偏于这一方面。如果把水之就下再等于目之视与耳之听，目之所以为目在于视，目而不能视则失其所以为目。但我们决不能抽去人身全体而只讲目视耳听。因为说到目视耳听则已早预设有人身全体在那儿了，即已早预设目耳是在人身上并非自己存在的了。普通人所以不明白人之仁与水之就下即等于目之视与耳之听就是以为人与水是自存的；而目与耳是不能自存的。其实在宋儒则以为是一样的。人与水都必须在全宇宙中方现其职能，由职能而始有存在。这便是以"职能"（function）观念在先而以"存在"（existence）观念在后。所以理字若译为英文只可为order（即秩序）。而不可为 essence（本质）。因为essence只是附着于一物而见，故在中文当译之为"德"。德者得也，即一物而有所得自宇宙全体者也。但宋儒却重视理字远过于德字。我以为或者就是由于理字能通贯起来能合为一个。而德字则不然。于此可见宋儒对于万物一体之整体概念是较古代儒家更为注重。我在前章及《知识与文化》书中曾提到这个以整体为背境以职能为分发的宇宙观是以《易经》为胚胎。宋儒大都从事于《易经》，那就无怪其然了。这种以职能来定其物性质之思想，在西方哲学上是比较后起的。柏拉图的"意典"（Ideai）与新实在论的所谓共相完全相同，决不与其他意典有倚靠的关系。不过他主张另有一个总目标是所谓 Idea of Good。这和新实在论又不同了。从这一点来说柏拉图之说可容纳"目的论"（teleology）而新实在论则不如此。倘以此与宋儒相比拟，则必见宋儒的理既不类于意典亦更不是共相。若果定要把理使其与西文 essence 相通则这个字便不纯取"本身义"（intrinsic sense）而实兼取"连他义"（extrinsic sense）。就有些好像近来西方学者所谓的"关系质"（relational property）。于是我们可以称之为relational essence 其故是这种思想总是认宇宙为一个整体。一个人在宇宙中正等于一个眼睛之在全体人身上。宇宙不是像散沙一样的一个大堆积，乃是一个有机体。在有机的整体上每一个东西都是因为其有各别的职司，而始显出其特性来。这就是所谓以职能来决定其性质。换言之，即以"职能"观念来替代"性质"（nature）观念。（于是性质便由英文nature而变为character）。这种思想根本与常识不同。不认有单独自存的多数物体散在空间上。须知常识的宇宙观是认为有物质又有空间。这种思想则于物并不主张是各各散立的存在者，于空间亦必不承认其能离物而自存在那儿。于是我们的讨论遂又牵涉到空间时间上了。

宋儒思想既根据于《易经》，当然对于空间决不会承认是自同无边而自在的，对于时间亦决不会主张是直流而无限的。关于这一点我在《知识与文化》书中曾论列之。法国的葛拉乃（Granet）亦已早揭穿以为中国没有像西方物理学上的空间时间概念。西方物理学上的空间概念至少是受了希腊哲学中原子论派的影响。至于时间则黑拉克利图斯（Heraclitus）的影响不无多少影响。不过在西方亦有忽视空间时间之实在性一派。柏拉图即是此派中之一人。就轻视空时而言，可以说宋儒思想与柏拉图有共同点。但在系统上决完全不同。因为柏氏在一方面否认空时而在他方面又承认空时，把空时作为一个标准来决定具体事物与普遍意典之区别。这是由于他主张有两个世界，一是纯粹理法之世界，一是具体事物之世界。在前者中没有时间，所以柏氏在其泰冒斯（Timaeus）一书中把时间认为永恒之幻影（the image of eternity）。于是在纯粹理法之世界只有纯粹的意典悬为模型而具体事物之世界中的事物则依照之而成其形。这种依照在柏氏原语谓之曰"分享"（participation）。好像冯友兰先生的新理学就采取此义以改造理学。我则以为如果他自己承认新理学不必与旧理学一致则当然爱怎样主张就可以怎样说法。倘欲以为宋明理学本来可以作此解释（即本来可用柏氏说以解释之）则我敢言此说不能成立。因为宋儒思想对于纯理界与事物界之对立并

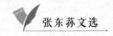

不有所主张，若说他们是主张两个世界，毋宁说他们是偏于承认只有一个世界。因此在宋儒决无此种分享说。详言之，即具体的红物决不是依照抽象的红理而出现于此时此地之上。若照柏氏之说一个事物之所以具体实现的缘故是靠着时空之限定与质素之填入。时空之限定就是说其必于空间上站某一地位，必于时间上居某一瞬间。但仅此限定尚不足为具体，故又故必另有在时空以外的质素以为其托底。所以在此种学说的系统中，不仅抽象的纯粹意典是超乎时空的，必另有个底质（即质素）亦是与时空无关的。此即亚理斯多德之"太素"（pure matter）之说也。亚民分"式"与"质"（form and matter）使之相对立。此种思想亦复与宋儒不同，不可用为比拟。说到此遂自然而入于"气"之讨论了。

按"气"字在宋儒思想中好像很居重要地位。但其初却不认为十分重要。气字见于《孟子》有"气体之充也"云云。又有"浩然之气""夜气""平旦之气"等语。后来汉儒则有"阳气""阴气"诸名词。无论如何气字决没有"质料"之义，到了宋儒方始把气字的义意变化了。这当首推张横渠。他在《正蒙》上说"太虚无形气之本体"。可见他是以气为本体，他又以气之聚散说明阴阳。阴阳之变化只是气之散聚。只有聚散而无有无，其说是与希腊哲学上的亚那常密乃斯（Anaximenes）所谓"淡薄化"与"浓密化"（rarefaction and condensation）完全相似。于是便把气字当作了本体看待了。这显然是宋儒对于古代思想的一个大变化，详言之，即以前儒家思想没有这样的格式，所以后世学者批评张横渠以为是受印度思想的影响。平心而论把气当作本体在儒家的传统上是不十分相合的。须知这种以气为本体说对于理并不认为抽象而自存。横渠说："天地之气虽聚散攻取百涂然其为理也顺而不妄。"这就是说理乃是气由其聚散而发出之一定的次序，这个次序只见于气之聚散之历程中不能抽离而自己存在。从这点上说张子之说是重在本体而并不以理为本体。所以我以为气字在一方面虽可以亚里斯多德的"太素"来作比附，而在他方面就其思想的统系言又复不甚相类。

张横渠的思想发源于二程。顾在程氏兄弟恐怕彼此之间颇有不同，好像程明道是与周濂溪较接近，我们在周子《通书》上必发见讲理之处甚少，其于理不是说"理曰礼"就是说"礼，理也阴阳理而后和"。在此处之理字更只是条理与秩序之义而与原义更近。即更不可以柏拉图之意典与新实在论之共相相比拟。我们可以说朱晦庵虽是集大成而就中实不无多少受程伊川之影响较大。似乎程明道注重在"通"。通是根据万物一体之义把自己与宇宙打成一片，他以医书中麻木不仁之仁字来比附之，以为仁则天地为一身，"天地之间品物万形为四肢百体，夫人岂有四肢百体而不爱者哉？"我名此说为"通体说"。其实张横渠之《西铭》亦只是此义。这一点恐怕是宋儒各人所共同的。近人讲宋明理学却对于这一点往往反而忽略，或则是因为这种思想近于神秘主义在现代便不好多说。我则以为不然，这正是中国传统思想之统绪所寄。中国的道统虽不能以此一端而概之，然而这一点在道统中却是不可少的。至于气字即张横渠于太虚本体之气以外又有气质之性一语。气质之性中之气字决与太虚本体之气字其义不同，可见气质之性中之气字比较近与气字原义，又可见张横渠之太虚气体论在思想系统上不居最重要地位。此所以后来朱子有理气先后之问题与其解答，连气先后的问题亦只有在朱子系统中才会发生。而在横渠明道等人思想中便不有此问题。关于此一方面当于下文再行讨论，现在只说此种万物一体之思想。此种主张就是把宇宙等于一个"有机体"（organism）。而人在宇宙中就等于耳目之在人身上，耳目不仅必须尽其为整个人身而视听之职能且同时必须又爱护手足，因为与手足是同属于一个人身上。彼此痛痒相关休戚与共。故万物一体之说当然包括博爱在内。韩愈谓博爱之谓仁在此便得着一个甚深的注脚。并且须知这种把整个宇宙当作一个有机体之思想不仅是主张万物相关互倚一体共存且亦必是不分人事与物理。我们狃于常人的见解总以为水之就下是自然的

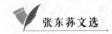

又必然的，换言之，即机械的。而人之向善则不然，乃是有意的。凡对于有意的方可责其应当去作，于是便有三种区别：即一曰必然；二曰应当；三曰可能。可能是介乎两者之间的，换言之，即中间性的。西方人的思想大概是顺着这个常识的趋向而发展下去。所以他们对于自然与人为认为对立，把机械与自由认为对立，把必然与应当严格分开。但这种万物一体的有机宇宙论却不是如此。他们必是以为水之就下乃由于水应当如此。至于激之使向上则是可能。虽亦可能但不应该。所以人之向善是人之应当。但人亦有为恶的事实这虽是可能而非应当。在此则应该与必然合为一义，甚且可以说自由与机械之区别亦无必要了。于是人事之理与物界之理乃变为一个理。但我们又须知这不是以外物之理说明人为之理，换言之，即不是以自然秩序说明道德规律。乃正是其反面，即以道德的条理使其普遍化而及于万物，故程伊川云"一物之理即万物之理"。要明白这句话必须看其上句"一人之心即天地之心"。他又说"物我一理才明彼即晓此合内外之道也"。可见他们总是不分内外不隔物我不立自然律与道德律之分别。至于要问：为何他们把物理的法则与道德的法则合而为一？我以为这是由于想加强道德法则之必然性，倘使人之为仁等于水之就下则其必然性必较大。因为人之不为仁在实际上确是很多，而水之不就下却是极少。由于这样把人事与物理相合一遂致形而上学同时就是伦理学。并且形而上学的宇宙论亦同时就是物理学。这样便合西洋古代思想一样同是把物理学属于哲学的范围。在西洋哲学上总是以形而上学所讲的为根本原则，而以伦理学所讲的是其原则之应用。宋儒在这一点上却又和西方不同。就是没有原则与应用之分。关于这个态度最显明的当然要推朱晦庵因为他是集大成的。本章论理学思想亦大半以他为标准。他关于理气之问题有下列的话：

天地之间，有理有气，理也者，形而上之道也，生

物之本也。气也者，形而下之器也，生物之具也。是以人物之生，必禀此理，然后有性，必禀此气，然后有形。（《答黄道夫书》）

在这一段话中，我们要得其正解必须知所谓"形而上"只是说无形无迹不可见不可听的而已，正和英文insensible 或nonperceptual 相当而决不可当作"抽象"来解释。例如照柏拉图的说法，一切具体的红物以外尚有个绝对的抽象的红。这个红当然不能由目而见，但却是一个心相。用心理学的解释文可说是由于抽象而成。我以为这些说法和朱子的意思不完全相同。因为朱子对于形而上只训作不可见闻而止，而并不以此不可见闻者认为是个心相。他说：

伊川云：形而上者谓之道，形而下者谓之器。须著如此说。曰：这是伊川见得分明，故云须著如此说。形而上者是理，形而下者是物。如此开说，方见分明。（《语类》卷七十五）

形而上者谓之道；形而下者为之器。道是道理，事事物物皆有个道理。器是形迹，事事物物亦皆有个形迹。（同上）

于此可见理只是"所以然之故"。每一事物都有所以如此之故，这个所以然之故决不离事物，事物消灭则其所以如此之故亦随之归于无有。所谓"生物之本"即是指此。至于朱子说理不离气亦可从这一点上了解之。他说：

所谓理与气，比决是二物。但在物上看，则二物浑沦，不可分开，各在一处；然不害二物之各为一物也。若

185

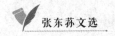

在理上看，则虽未有物而已有物之理。（《答刘叔文书》）

　　所谓理气先后之问题便在此处发生了。朱子一方面主张理气不相离散，而在他方面却又说理在先。此处又须加以解释。我以为所谓"在先"只是根本之义。从"生物之体"一句话上即可看出来。生物是谓一切物之生出来，即一切物之成立，一切物之成立必有其所以然之故。此所以然之故却为其物成立之基本。换言之，即就存在而言，理气不分开不离散；而若就本末的关系而言，则理是本因为一物之所以成立必依其所以然之故。亦可说由于所以然之故乃致其物得以成立。因此我们又可说气即是器或具乃是显现。须知所谓"显现"（manifestation）与"质料"（materials）并不相同。朱子说无气则理便无挂搭处。又说非是气则虽有是理而无所凑泊。又说无那天气地质则此理没安顿处。据我看所谓挂搭，所谓凑泊，所谓安顿，都是显现的意思。于是便牵涉到"体""用"两范畴了。朱子说：

　　　　体是这个道理，用是他用处。如耳听目视，自然如此，是理也。开眼看物，着耳听声，便是用。（《语类》卷六）

　　在此可见朱子是以体用两范畴使用于理气上，换言之，只有理是体而气并不是体。从这一点上便可知气不与"质料"一观念完全相同。用亚里斯多德之"质素"一概念来解释朱子之气是不十分恰当的。其所以然的缘故乃在于朱子认理只是一个。我在上文所说的那个有机整体的一元论，是宋儒思想之根本背境。对于任何论点不可把这个背境忘却。倘使我们以这个有机体的整个宇宙为背境而加于各事物之理气问题即对于此问题必可得有正解。朱子明明说：

　　　　人物之生，天赋之以此理，未尝不同，但人物之禀受之有异耳。如一江水，你将杓去取，只得一杓；将碗去取，只得一碗；至于一桶一缸，各自随器量不同，故理亦随以异。（《语类》卷四）

　　朱子说，论万物之一原则理同而气异，观万物之异体则气犹相近而理绝不同。如果这句话含有万物初起与万物已成之分别，则我们可以说理气先后亦不外乎这个意思。由一理而化为万物，则理当然是本体。并不是许多的红物依照着一个"红之理"而成，许多三角形依照一个"三角之理"而成。须知所谓"未有弓矢之先已早有弓矢之理"，这句话的弊病即在弓矢之理四个字上。又须知未有飞机以前虽是已有飞机之理。倘使没有飞机之理先就存在则飞机便无由发明了，弓矢亦然，但先就存在者并不是飞机之理与弓矢之理乃是普通的物理。这种普通物理是科学上所讲的那些动力原理（属于力学的）与分子密度以及组织等（属于物理化学的）。于是我们可以说并不是在未有弓矢以先，就已有弓矢之理，乃只是在未有弓矢以前就已有普通物理，我们根据此种物理以发明弓矢。并且这种物理不仅可以依据之以造成弓矢，更能依照之以发明他物。或者可以说飞机之理就中即有若干与弓矢之理相同，因为只有个普通的物理而已。在这一点上好像柏拉图与新实在论都不是如此。他们主张每一种物有一个意典或共相，各各种类不同。弓矢之意典或共相决完全与飞机之意典或共相不同。因此我以为朱子所讲的理是比他们高明，就是由于朱子承认由一理而能显为多物。并不像柏拉图把每一种事物认为有其独自的模型，一切物都是由各各的模型中造出。这种模型式的共相说决与朱子原义不合。倘若以此为比附而说明之必致将朱子本意弄得弯曲了，为甚么我们注重于朱子所说的"一理"呢？这就是由于他的思想系统中有"太极"之说。按"太极"一个名词是出于《易经》。周濂溪于太极二字之下又加了"无极"二字。照我的解释似乎太极之原义即是谓"太始"。所以极字

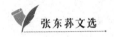

当作"端"字解是不妥当的。倘使于太极之下再加以无极则不啻把"始"的意思取消了。所谓无极便与英文eternal 相当。就是世界无始,这样便把时间取消了。须知必须取消时间方能确立本体。既为本体乃是永恒自如。因此一提到太极必同时谓其为无极。朱子说:

> 故语道体之至极,则谓之太极,语太极之流行,则谓之道。虽有二名,初无两体。

又说:

> 自其著者而观之,则动静不同时,阴阳不同位,而太极无不在焉;自其微者而观之,则冲穆无朕,而动静阴阳之理,已悉具于其中矣。(《太极图说注》)

太极之于万物有人用月映万川之比喻(此为佛家的比喻)以解释之。即每一川中映着一个月亮而其实只是一个月亮,并没有万个月亮存在。朱子虽亦尝说一物有一太极,但这句话不足为多元论之证明。所以我说宋儒提出"太极"二字乃是注重于一元之征候。至于谓物物各有太极乃是由一元而显现为多元。这是所谓一元的多元论而不是多元的一元论。前者以一元为本而发现出来始见有多元;后者以多元为本而集合打通起来始成一体。新实在论就是后者中之一派。故与宋儒之精神根本不相通。因此我们切不可执着那个"各物皆有太极"一句话的字面上而以为宋儒虽有太极二字之提出,然仍不害于其多元的倾向。朱子在他处固明明说"太极者如屋之有极,天之有极,到这里更没去处,理之极至者也"(《语类》卷九十四)。又说"极是名此理之至极"。又说"太极只是个极好至善的道理"。又说"太极只是一个理"(《语类》卷一)。可见在朱子把理之极致谓为太极。有人以为太极是众理之总汇这是不妥当的。因为我已在前面说过，理只是一个，所以太极亦只是这个发现为多元的一元（即理）之极致。决不是本有多元之众理而汇合起来以成一个太极。因此我们便明白所谓极致就是"完全"（perfection）之义，这种思想是和西方亚里斯多德一样。孟子亦似乎是如此主张。都是以为完全即是善而把缺陷认为恶。所谓尽性就是此义。例如一个人有目有耳有手足这是完全；倘只有耳而无目则变为缺陷了。在常识上这是"不具"，在形体上不具的人在道德上未必有亏；顾在这种以完全为善的思想中却不分别自然与道德，即不分别人事与物理。并且这种认为物理法则就是道德规律的思想，同时是以宇宙为一个有机的整体作其背境。于是我们要了解这一类的思想必须把握着三点：（一）根本上是一元论；（二）不立人事与物理之分别；（三）宇宙全体是一个有机的。把这三点合在一起则我们便了解其他论点，例如理与太极之关系，理与气之关系，理与性之关系，性与心之关系，等等。所以我们可以暂时总括一下：即朱子思想是宋儒各家的集大成，虽偏于伊川较远于明道，然而却是比较上真能继承儒家之精神。于是我们又可替朱子对于理气太极性与心等名词下个定义。先就理字来说，理是就事物之分别条绪而言，在宇宙的有机整体上一物之所以异于他物即在其分别条绪，这个分别条绪即是其物之所以成立，这个所以成立名之曰所以然之故；但就其在整体中之功用而言则必然尽其功能或职司方可称得起是这个东西，于是所以然之故遂同时变为当然之则了。这个所以然之故与当然之则乃是一义。此即所谓理。所以理字苟就其在有机体的宇宙而言便无所谓是抽象或是具体。我用一个粗浅的比喻，好像用铁筋来造房屋，理便是那个铁筋。房屋是由铁筋而成事物，是由理而立。离理则事物无由成立，去铁筋亦不会有房屋。所以抽象与具体之问题在此是不好讲的。更详言之，所谓红之理乃只是说在整个宇宙中所以有红就因为在这个全体上有其特殊的职能，必能尽此职能方可出现而成其为红。可知所以然之故，必须与整体为背

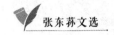

境而始讲得通。则当然之则亦必是说其无在全体中所担当的职分，由职分以定其性质，根据此义我们同时亦可以得着对于在字之定义了。所以宋儒们总是说"性即理也"。其实乃是性字就事物本身而言，理字则不必泥在在事物本身上。但离了理则必无性可言。一物之所以有其性就由于宇宙全体上的理之所决定。至于气则在上文已经说过。在这样的思想系统中只是担任一种任务即表示"存在"（existence）。须知存在与"本质"（即素质）并不一样。我们可以不要素质（或本质或太素）这个概念但决不能没有存在这个概念。因为如果没有这个概念则一切便完全飘浮了。所以朱子为了使理不飘浮起见，不能不把存在这个概念加入于其间。于是乃说有气，主张理决不离乎气。因此我说倘若以气为根本（即本体）则与儒家的传统精神不甚相符。儒家思想固然决不是所谓唯心论，但亦不是所谓唯物论。唯心论一名辞在西洋哲学上本就有不同的意义。有人说其原字的语根可以分为两种；即ideal-ism与idea-ism，前者以ide-al 为语根，后者以idea为语根。前者之语根是译为理想，后者之语根是译为意象。所以唯心论一名词本来极为混淆。倘使改为理想主义则固不仅儒家思想为然，即自命为唯物论的马克思主义亦是属于理想主义之范围内，可见西洋哲学上传统的分类法若用之于中国思想必见有些很不合。但我们同时亦未尝不承认究竟有些地方是相同的。照上文所述宋儒思想观之，朱子已成为一个完密的系统；在其系统上理想主义的色彩更为显明。因此我主张与其以新实在论为比拟反不如拿黑格儿（Hegel）一流的所谓"客观唯心论"（objective idealism）相对照来得比较好些。

以上是说理气太极与性等概念之意义，下文将要讨论到心字之意义以及其与此等概念之关系。欲讨论心字势必另辟一方面，遂使我们由宋儒而牵连及于明儒。本来学者于理学中另分一派名曰"心学"。以王守仁为总代表。又以陆（象山）王为一派以与程朱对立。实则阳明曾纂有《朱子晚年定论》亦未尝不认朱子为其所尊崇者。所以我在本章一扫历来学者喜为分派注重小异之积习，而将王学与朱学冶于一炉，只见其背境上根本之点。

说到心我们便须另起头来说。所谓心当然是指知觉而言，不过不限于人有知觉。动物有知觉，即铁石等物，亦有知觉，只是程度不同而已。西方哲学莱伯尼志（Leibniz）所谓"微觉"（perception spetite）就是以为一切物不拘生物与非生物皆赋有知觉，只是有清楚与混暗之分罢了。我以为宋儒对于心亦是采取这一类的态度，因为此说与宇宙有机体说可以完全相配合。周濂溪说："寂然不动者诚也，感而遂通者神也。"在这两句话中虽无心字却可以拿来以说明心之本义。于是我们可以说心之功能即在于能感而由感使小己与大我打通。以譬喻明之，如目之在身，自能视便是目之感，由此遂为人身上之目，而非单独的目，即可说由此感乃使目与全身和谐为一整体了。人之"仁"亦由感而显现。所说仁就是"善相感"。故程明道以仁为与万物同体之感，又以麻木不仁来作比喻。可见在宇宙有机体上一部分之与全体之关系就在于其能感，由感而能通。通则是善，不通就是"隔"，隔即是恶。所谓天理与人欲（即私欲）之区别亦就只是通与隔之区别。有隔方成为私欲，必通乃可得天理。我们再把朱子对于心之解释来看一看更可明白。他说："唯心乃虚明洞彻"（《语类》卷五）。又说："虚明而能应物者便是心"（同上卷九十八）。可见心之功用就在于感，而由此乃把部分与全体打通。亦可以说心之功能在于使自己与宇宙打通，因此故必须虚，虚则不隔。又必须明，明则乃透。反之，不虚则不透；不明则生翳障；遂致自己与全宇宙相绝断，这便成为"私"。故宋儒所谓私只是自己与全体不相打通。这种对于心之看法虽不能说是唯物论，然决不是唯心论。至少有几分类乎西方所谓实在论。在近代有斯披诺刹（Spinoza）；在现代有怀特海德（Whitehead），二人都有这个态度。至于宋儒亦只是以宇宙论为立场而吸收知识论当然非走这个途径不可。详言之，即既以宇宙为一个整体儿的有机结构则在

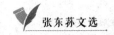

其中的任何部分必须与其他相沟通相谐和相对待。这种沟通与谐和
便是其心。以心训为打通与散透之能力乃是由于先立万物一体之宇
宙观所致。关于这些地方朱子更明切的表示如下：

　　性即理也，在心唤做性，在事唤做理。

　　所知觉者是理；理不离知觉，知觉不离理。

　　理无心则无着处。

　　天地之大德曰生，人受天地之气而生，故此心必仁，
仁则生矣。

　　心须兼广大流行的意看，又须兼生意看。

　　心与理一，不是理在前面为一物。

　　虚灵自是心之本体。

　　性便是心所有之理，心便是理之所会之地。

　　心，性，理，拈着一个则都贯穿，惟观其所指处轻重
如何。

　　心之全体湛然虚明，万理具足，无一毫私欲之间。
其流行该偏，贯乎动静，而妙用又无不在焉。故以其未发
动而全体者言之，则性也。以其已发而妙用者言之，则情
也。然心统性情，只就浑沦一物之中，指其已发未发而为

言耳。（以上《语类》卷五）

我们看了这些话以后必恍然悟朱子所说又何尝与王阳明不同呢！于是我们当接着讨论阳明罢。有人以为阳明是承继陆守静。我则以为朱陆并无太大的不同，因为我现在是就道统而言即是注重在思想之大流之传延下来。这自和普通哲学史思想史不同。他们可以注重小异注重派别我则只讲其中所含的那个主潮。从这一点上说阳明在表面上是确有反对朱子的地方，而在里面却不仅是仍代表这个道统的主流并且更有发挥。所以由宋儒到明儒在哲理上是发展是进化而不是分歧不是转向。现在且把阳明的话抄列下来，必可见他所谓心则和西方学者所说的唯心论并不相同。依然是与上述朱子的话相似。

先讲到王阳明对于心的解释，他主张心与理即为一物。《传习录》上有下列的一段：

先生游南镇，一友指岩中花树问曰：天下无心外之物，如此花树在深山中自开自落，于我心亦有何相关？

先生曰：你未看此花时，此花与汝心同归于寂，你来看此花时，则此花颜色一时明白起来，便知此花不在你的心外。

又有：

先生曰：无知无不知，本体原是如此，譬如日未尝有心照物，而自无物不照。无照无不照，原是日的本体。

又曰：目无体，与万物之色为体；耳无体，以万物之声为体……心无体，以天地万物感应之是非为体。

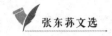

这几条必须会合以观之。所谓无心外之物决不可解为全在心内，如果谓为存在于心内这便是取西洋哲学上柏克来（Berkeley）的观点。所谓在人心中便是摄收之以入于心中。这便是以"摄"诠心之不同。王阳明依然笃守宋儒传统的态度以宇宙为一个整个儿的有机体，在其中人只是其一部分，至于心之功用就在于把部分与全体打通。所以我们对于他所说的"你看此花时此花分明起来"不当解作此花在你心内，而只可解作此花与你心共现。"共现"一词正是英文所谓comprescence。这个字乃是现代英国哲学家亚里桑逗（S.Alexander）所提出。他用此字以说明个体间之关系而不限于认识。其详见其原书（*Space，Time and Deity*）本章不欲繁引。须知亚氏为当今之新实在论者而非唯心论者。我今取其共现一名词来解释阳明即不啻对于阳明所谓心取实在论的看法同时表明向来谓为唯心论是个错误，详言之，即不是把外物拉到心内来使其存在于内乃是反之把心推到自己以外的理上去。使心与理合一，于是心与理便为一事。不是理在心中乃是心契合于理。西方的唯心论有三种形式，即一为柏克莱式，二为笛卡儿式，三为康德式，王阳明既不能说是唯心论，则这三个式便无一与之相合。此外若照辕近英国学者勃洛德（C.D. Broad见其书*The Mind and its Place in Nature*）的分类与物之关系可共计得十七种学说，至少亦须有三十种。王阳明之说却不在此十余种之内，可见西方思想上的格局若套在中国思想上总是有所不合。关于心与理合一的话在《传习录》上尚有数段；

> 心即理也。此心无私欲之蔽，即是天理。不须外面添一分。以此纯乎天理之心，发之事父便是孝，发之事君便是忠，发之交友治民便是信与仁。

> 意之所在便是物。如意在事亲，即事亲便是一物。意在事君，即事君便是一物……所以某说无心外之理，无心外之事。

知是理之灵处，就其主宰处说便谓之心，就其禀赋处说便谓之性。孩提之童，无不知爱其亲，无不知敬其兄，只是这个灵能不为私欲遮隔，充拓得尽，便完全是他本体，便与天地合德。

夫物理不外于吾心，外吾心而求物理，无物理矣。遗物理而求吾心，吾心又何物也？

性无不善，故知无不良，良知即是未发之中，即是廓然大公，寂然不动之本体，人人之所同具者也。

理无动者也……循理则虽酬酢万变而未尝动也……有事而感通，固可以言动，然而寂然者未尝有增也。无事而寂然，固可以言静，然而感通者未尝有减也。

在这些话中意思是很明白的。必见与上文所引的朱子之言，在根本上仍是一线相延不离这个万物一体之主潮。就中比较可以注意的只在他说"意之所着为物"一点上，他说"指意之涉着处谓之物……意未有悬空的必着事物"。这无异于说凡心或知必有"对相"。此对相即是现代哲学上术语所说的"所"（the -ed）。于是我们便可知此种思想是主张离物则无心。从其谓离心无物上看是唯心论，但从其谓离物无心上看便不是了。中国时流学者不明王学的真相就是由于他们用西洋哲学上的分类来决定阳明属于何派。我在此处仅仅提出王阳明之心学与朱晦翁之理学在道统上是一致的一点而已，并不想多说。并且此种一致点又可于他们反对佛家上见之，朱子曾说过释家一切皆虚吾儒一切皆实。我以为这句话是十二分重要。所以阳明说你看此花时此花之色明现起来决不是谓此花是一个幻想或假现或虚影。乃反之确有那样的一个东西。此即所谓

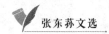

"实"。但这个实却又不是死板板的呆着在那里，理学家一说到天理必即说其流行，天理流行乃是一回事。又一说到心必即说其活泼泼地，活泼泼并不是动。因为理不是呆的心亦不是定的，所以心能当下合理，这是基于寂然不动感而后应之原则。王阳明与陈白沙都说心上着不得一物。须知这是说寂然不动，却和朱子说心具众理必须合观，心具众理是说感而后应。这种思想是把宇宙间的一切（除了因遮隔而起的私与恶以外）都是如实存在的没有一个是幻现。整个儿的宇宙就是一个"实现"（realization）的历程与其成果，这当然与佛家完全不同了。朱子说心必连到"生"。这便是等于说理必连到"化"。因为。他们思想的根源还不离乎《易经》。由于《易经》并且把道家思想亦容纳于儒家中来了。《淮南子》虽不是纯粹的道家然，不能不说道家的气味居多，其书的《原道训》上就有下列的话：

> 人生而静，天之性也；感而后动，性之害也；物至而神
> 应，知之动也。知与物接，而好憎生焉。好憎成形，而知诱
> 于外，不能反己，而天理灭矣。故达于道者，不以人易天，
> 外与物化，而内不失其情。

这一段话当然与儒家精神不全同，但儒家亦未尝不是于寂然不动之中感而后应，其应也不为物所诱依然是不与物化而内不摇其本。可见这种处世的方法乃是中国思想传统之大流。这个传统态度正与印度思想的传统态度相异。因此我尝说佛学之入中国对于宋明理学只是给予以刺激，并未给予以资料。换言之，即理学只是佛学之反动而不是佛学之更进一步。这就因为宋明理学在根本上确是继承先秦儒家的传统精神。其故亦就是儒家所注重的是道德问题而佛家则注重在整个儿的人生意义。注重在道德便不能不把道德认为实在的。所以倘使把人生认为虚浮与空虚则对于道德便必亦认为无价值了。因此苟欲确立道德的价值同时必须建立人生的实在。所以儒

家一贯的精神是"实"而不是虚，依此我们又须知道他们所说的理不是二加二等于四的数理与速度和体积作反比例的物理，乃只是指仁义礼智信而言。朱子与阳明都有很明切的话，现在不必多引。而他们所谓"物"亦只是指"事"而言。从前一点说把物界之理与人事之理合为一事，不免有所谓"拟人观"（antbropomorphism）之嫌疑，可以说思想不进步。但从后一点说把固定的物都当作活动的事却和西方现代思想上以event代替thing之点相仿，又与马克思派亦相类，不可说思想幼稚，至于他们所说的气字至多亦只能与希腊时代所谓phisus一字相仿佛。决不具有近代的"物质"之义。从气一方面来讲，我虽在上文曾说与儒家正统不太相合，然而到了明末清初之际学者反而重视这个气字如王船山颜习齐等。我以为其故是由于当时有个侧重实际而避免玄想之趋向，这固由于理学之末流有其流弊，然而却亦由于理学本身有一个含义我名之曰"浪漫主义"。此即谓romanticism之译语。严格言之，宋明思想当然与欧洲的浪漫主义不同，不过我以为凡是涉及"神秘经验"（mystic ecstasy）的总不免有浪漫的色彩。关于神秘经验我曾有一文名曰《出世思想与西洋哲学》，载于拙作《新哲学论丛》中。读者倘欲了解神秘经验是怎样一回事以及其与形而上学思想之关系务乞取该文一读之。本章便不详述，因为述之非数语所能尽。不过我们须知凡深奥的形而上思想而为宗教之心核的却无不与此种神秘经验有若干的交涉。佛学思想不必说即耶教亦然。宋明理学家受了佛教影响当然对于这种神秘经验必有多少关系，自是程度较浅而已。就中理学一派又较心学一派为浅。所以到了清朝学风便渐变了，就是既要远离这种神秘经验当然便厌恶那些浪漫的色彩。不过又须知道这个浪漫主义之根源远在先秦儒家思想之胚胎中，即如清儒戴东原虽极力攻击宋儒，然对于宇宙犹注重其生生不息之流行。在这一点上清儒并未在宋明学者以外另辟得有途径。可见无论何人苟其在道统中运思便决不能跳出其大范围。

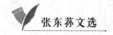

以上是专讲思想即说明思想本身之意义与其变化。现在于本章之尾再一讲此种思想之与文化之关系即其在实际社会上之影响与功能。先讲这种思想对于个人处世做人之益处。孟子称颂孔子有言曰：

> 非其君不事，非其民不使，治则进，乱则退，伯夷也。
> 何事非君，何使非民，治亦进，乱亦进，伊尹也。可以仕则
> 仕，可以止则止，可以久则久，可以速则速，孔子也。

这就是：

> 一箪食，一瓢饮，在陋巷，……不改其乐。（《论语》）

> 用之则行，舍之则藏。（同上）

亦就是：

> 毋意，毋必，毋固，毋我。（同上）

亦就是：

> 其为人也，发愤忘食，乐以忘忧。（同上）

这种人生是其心常活泼泼地，凡事当下合理不必造作，不能增一分不能减一分，恰如天理之分。所谓心安理得即是此义。生则活一天尽一天的义务完一天的责任，死则宁息无怨恨无恐惧。凡当理者见义勇为决无计较，不求结果而结果决不会坏，因为是合理之故。从我们今天科学知识的状态来观之，这种生活状态是否即为宇宙真相乃系另一问题，但却不能不承认确实可以作到。我个人即有

此种经验，我将有《狱中追记》一文记述我在狱中的情形，在此便不赘述了。即在西洋历史上我们亦可以看见"殉道者"（martyr）之层出亦是起于一种特别心理，这亦就是上面所说的神秘经验，因为没有神秘经验便不发生力量。心理的力量有两种：一是自己的信服这必须由于亲证，二是向人劝化这又必须自己先相信。人们有了这种神秘经验必定自己先相信，所以才能制造出一套理论向人说服，这些不是本书所要讨论的，本书却只注重在社会上何以不可缺少这一类的人。换言之，即这一类的人在社会组织上有何作用？我以为照社会学上所讲，不是文化上发生裂痕的社会始有"解纽"（disorganization）之现象，实际上任何群体皆有"反社会的"（anti-social）倾向潜伏着在其中。就是因为个人在其本性上有不合群（即害群）之成分，所以要使社会的组织得以不发生弊病，则必须有一部分人出来主持公道。在最初的时候就是宗教的教主们，因为宗教上所有的观念与义理都是所以维持社会的。并且这些教主们又无不是在人品上有魔力的。不仅在智能方面是超过常人，并且在道德方面更得有使人感佩与赞叹的地方。我所以尝说宗教的热心家与社会思想上道德的维持者必就是一种人。这种人有两种相反的功用。第一是维持社会，第二是改革社会。由前而言是社会人群之所以有秩序在理论上由于有这些人出而主持，换言之，即这些人的言行在在都是为加强社会之有秩序性。由后而言就社会当时现状之不公平一方面来看，这些人却是代表社会上那个不公平之气的。换言之，即他们在这一方面毋宁谓为革命家（但不是实行的）。所以有些人以为这种宗教性质的热心家是为某一个社会阶级作辩护，而是社会革命的障碍，以为他们都是保守派，我则以为此种议论实不值一驳。所以最近俄国亦取消反宗教运动了。未尝不是有见于宗教一类信仰问题是与经济结构没有直接的关系。关于这些问题将于下文讨论社会主义时或再提及，此时且不多述。总之中国社会之有士阶级又士阶级之因孔子而担负这个道统，这些地方都表示中国文化

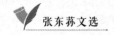

之特色与中华民族之特质，倘从历史上讲我们可以说在古代社会组织总是偏于共同。在这时是全体的色彩大于个人的色彩。俄国古代的所谓Mir 可用作一个实例。个人的自觉是由于分功之发达，所以个人的色彩总是后起的。先秦儒家思想依然重视天，宋明理学注重万物一体，这都是由于古代传下来的。这个传下来的注重全体之思想即在后来个人色彩浓厚的社会组织中依然有其功用。换言之，即这种向心力的精神作用在离心力的社会状态中运行大足使社会增强其团结性。所以"共同"（commune）的色彩在古代的依然可以传下来到后来的社会中，这就是社会的箍紧力而与社会的松弛力相反比。因此我们可以说在这个道统的思想中关于万物一体的宇宙有机体一层是反映古代社会的共同；而关于分功异职的秩序方面（即上下之别与男女之分等）却又是反映后来比较发达的大社会，因为社会一变大了，则个人间的不同便形显著了。我们在《传习录》上必见王阳明有下列的话：

> 问：仁者以为天地万物为一体，何以墨氏兼爱反不得谓之仁？先生曰：……仁是造化生生不息之理，虽弥漫周遍，无处不是，然其流行发生，亦只有个渐……惟有渐，所以便有个发端处……墨氏……将自家父子兄弟与途人一般看，便自没了发端处。

汉朝的董仲舒亦说：

> 孔子曰：不患贫而患不均。故有所积重则有所空虚矣。大富则骄，大贫则忧。忧则为盗，骄则为暴。此众人之情也。圣者则于众人之情，见乱之所从生，故其制人道而差上下也，使富者足以示贵而不至于骄，贫者足以养生而不至于忧。以此为度而调均之，是以财不匮而上下相

安，故易治也。（《春秋繁露》）

此足以反映后来的社会，换言之，即是他们（主张万物一体者）对于现实有所迁就。于是使我们知道一个民族所以能维持其文化大部分是靠传下来的，即惟有恃这个传下来的用以维系之，传下来的又往往因后来的现实而有所迁就。所以道统上一方面是一线相延，在他方面却又有随时适应的变化，现在又到了一个非常剧变的时代，此后中国的道统一方面如何保守其大流，他方面如何应付这个环境却是个大问题，我则拟于第九章中略抒个人的所见。

科学与历史之对比及其对中西思想不同之关系

　　我们现在要藉用科学与历史之不同点以明中国思想之特征。不妨把有人已经提出的问题，即何以中国不产生科学，这个问题重新拿来分析一下。须知即在西方，虽则科学的种子早在希腊最古时代已经有了，而真正的科学，其成立却依然止在于近代（即十六世纪）。在科学未发达以前，西方的各种学术与思想依然是浑括在一起的，并没有分科，这个情形和中国思想并无大异。不过在程度上仍有些分别。就是西方的情形只是浑合而未分，并不如中国那样的统一。所以中国思想不仅是浑合而不分科，且在浑合中更有统一性。这是我们讲比较哲学所应注意的了。因为西方思想在古代亦有浑合的一个时期，所以今天的中国学者中有人主张中西思想之不同只是古今之别。这句话在相当范围内我是承认的。不过我们的问题是：何以中国与西洋在古代都是差不多的而反到了近代便这样不同起来呢？这个问题是主张中西不同仅为古今之异的人所不能解答的。我以为苟严格分析起来，恐怕中西所以不同之故，其种子就在于古代，并不是由近代而突然变成的。要说明这个道理必须充分了解西方思想，方可用以比较。

　　现在就专提科学，西方之有科学决不是偶然的。科学之成立实在只在于近代。但求其精神，则不可不远溯及近世以前。我们可以说科学未发生以前，科学的种子却早已存在了。以科学的最代表的形态而言，自然是物理化学，这种物理科学真能代表科学的特性，至于后来的社会科学却尚在疑似之间。故讨论科学不啻就是指这些物理科学而言。（虽则最早的是天文学，却后来反在物理之后了。）一班科学史家，如Sarton，Wolf等都以为科学全靠实验方法。换言之，实验方法的发明乃是真正科学的开始。我们虽完全承认此说，但却以为亦未尝不是由于"物"（thinghood）之概念之创造，在科学未真成立以前，人类对于物并没有清楚的概念。从这一点上来讲，科学与历史可以说根本不同。科学的对象是"物"，而历史的对象是"事"。中国人尤其古代，可以说对于物没有清楚的观念。关于这一层就是现在所讨论的，不仅表明科学与历史的不同，并且要说明何以中国思想只偏重于历史而不发生有科学。我们在此先讲一讲物之概念所由发生。中国人在古代没有对于物的清楚概念，这一层下文将详论之。须知在西洋古代亦并没有严格的"物"之概念。因为物的形成不是完全靠着常识。常识上对于物只是一个模糊的轮廓而已。不仅常识对于物没有弄清楚，即哲学亦然。哲学上对于物的概念始终不离"质素"（stuff）的意义。亚里斯多德的ousia有时是物的自身，有时却是物的质料（即具体的物与物的原质合而为一）。可见大部分哲学家对于物的概念和后来科学家所讲的本不相同。因此我主张科学上对于物的概念乃完全是科学家的创造品。他们把物与时间空间完全离开，这句话不是说把物置于任何时间空间以外，乃是说物的自身性质与变化却与时间空间不生关系。详言之，即不是在这个时间上这个空间内物是这样的，到了那个时间上那个空间内便变为又一个样子了。物虽是可变化的，却不是时间空间使其变化。这就是抽去了时间空间而专讲物。这个抽除时空而专讲物的态度便是科学家的态度。抽除了时空而余下来的物便是科学家对于物的概念。我说是科学家的创造品，亦就指此而言。再换言之，就是说物不粘住在时空上，物如果自身不生变化，则在这个时间如此，在另外的时间亦如此。不因时间而始有变化。乃是物只在时间空间上而不附着于时间空间，与之合一。于是时间尽管自己流下去，而与物的本性无关。空间尽管张开来，亦不把物使其钉在某一个固定地位上。时间空间只成了空的格子，而物却可在格子上自由移动，并不因此失其自性。关于这一点，怀特海

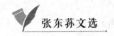
（Whitehead）在他的《科学与近代世界》（*Science and the Modern World*）一书中讲之甚详（p.69-72）。他认为这是十六世纪科学家天才的创造。我在此处愿意把下列几个概念连级在一起。即必须把这些概念连缀在一起，方能产生科学。这几个概念是："证实"（verification），"自然之齐一性"（uniformity of nature），"实验法"（experimental method），与"因果"（causality）。这几个概念又必须与上述的物之概念连缀在一起。因这些概念在实际上是互相关联的，成为一组。为便于明了计，先分别讨论之。所谓证实必须与自然之规律性相连。自然之齐一性亦就是所谓自然之规律性（regularity of nature）。如果自然界没有"齐一性"，即没有现象之"重复"（repetition）。即一个现象可以重复出现，没有现象之重复即不能有法子证实。例如一壶冷水置在火炉上二十分钟便沸了。你如不相信，你可如法实验。你不但可以实验一次，且可实验几百次。倘使环境无大变化，一壶冷水在火炉上断无在二十分钟后不沸的事情。所以自然现象上可以抽出自然法则（natural law）的缘故就是因为在自然界内有重复可以为证实之用；有齐一性可以百试而不爽；有规律性可以用归纳法寻出来。因此我们才能把法则抽定出来。倘若不是如此，则没有法子去做实验，便不能有所证实。证实的作用在于辨别两种或两种以上的解释究竟哪一个对哪一个不对。倘使无法证实便几乎不能辨别哪个对哪个不对了。详言之，倘使一壶冷水置在火炉上二十分钟沸了只是这一次，第二次便不然。自然界的法则就无从抽定了。说明此点莫如以历史上的"事"为对比。事却是只有一次的。如："孔子在陈绝粮"乃是只有这一回事。究竟真有此事与否，我们不能起孔子于地下而问之，所以这个便是不能证实的。不像把冷水烧开，可以再煮一回给人们来看。至于说孔子在陈绝粮有这么一回事不外乎因为《论语》上有这样的一段记载。崔东壁的《洙泗考信录》就对于这事有疑问。但究竟崔说对呢？《孔子世家》上所说的对呢？还是《论语》上所载有错误呢？这是一个不能决的问题。因为"事"是只有一回的。这一回已过去以后只留有记载。倘使记载有多种而彼此互相冲突，则我们便无法完全知其真相。不但记载中有矛盾处使我们对于事件的真相生疑问，即使记载无矛盾，而我们亦难保记载与其事件的真相有无出入。丁文江先生常说，"拿证据来"，一句话，须知"证据（evidence）并不是"证实"（verification）；关于历史上事件的证据亦都只是相对的而已。中国目下一班国故学者对于此意甚少了解，殊堪惋惜。总之，历史是关于"事"的。科学是关于"物"的。关于物的必须把物从无限的空间与长流的时间上抽出来。使其无论在任何空间上总是一样，使其在任何时间上总是没有关系。而事则不然。只有这个时候在这个地方是如此的。这个时候过了，这件"事"就完了。在别的空间上决找不着这件事情，因为它只在此处发生。不能抽除空时便无法使其重复；无法重复则不能实验；不能实验即是无由证实。我们从这个区别上当知物与事是两个截然不同的观念。必须创有了物的观念才能有科学。至于历史，其对象是事而不是物。我们可以用二者之不同以明中西思想的差别。

在比较幼稚的时代，人们对于事与物的分别是不分的。不过人类知识只能对于固定的（即有一定的）方能有所捉摸。至于流动而不停住的却无法认定。所以无论是事抑或是物，而凡成为知识之对象必是固定的东西。所以人类在根本上就有把流动不息的化为固定有形的之倾向。科学乃是顺着这个倾向而更推进一步。便成为一个绝大的创造。所以科学的前身乃是常识，因为常识就有这样的倾向包含在内。不过真正的科学却是后来起来的。我们只能说常识中有科学的种子和希腊哲学中有科学的种子。却都不是真正的科学。真正的科学是与物的观念之产生；自封系统（closed system）的观念之产生；自然界中有齐一性的观念之产生；证实方法与实验研究之产生；以及因果的观念之产生等；以俱生的。必须俟这些观念互相连结而成一组，而后科学乃成真正的了。倘使缺乏其中任何一种则科

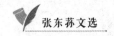
学决不会发展到现在的样子。

不过在科学的种子中我们亦可看得一些出来。以希腊哲学思想而言。至少有几点便是促进这样情形的。第一点是希腊思想大部分总是轻视时间与空间，就中尤其是对于时间认为不重要。柏拉图不必说，即亚里斯多德亦是这样的。他们以前的哲学家亦没有人特别重视时间。第二点是我屡次所说的希腊人对于"本质"的观念。"本质"这个观念在其本身上就有脱却空间与时间的关系之意在内。第三点是希腊思想注重于"类"（genus）。须知"类"的存在即为在自然界内有齐一性。每一个类是一个自封系统。我们从这几点上看，若说科学思想是从希腊思想而发出来的，这句话大概是不错的。不过真正的科学却在十六世纪方真成立。可见西洋思想上的科学在他们原是一种天才的创制品。虽经过长期的酝酿与训练，而其成立却并不十分久远。

中国人在历史上从古就没有这一组的观念，所以后来不会发展为科学。现代中国学者往往不明白这个道理，以为中国思想中有一部分是合乎科学精神的，殊不知真正的科学对于上述的几个观念是不可缺一的。至于在态度方面有若干的相类，本不成为问题。

在中国思想上尚未形成严格的"物"之观念，其故乃是由于中国只有宇宙观而没有本体论。因为对于"本质"没有清楚的观念，所以对于宇宙不求其本体，而只讲其内容的各部分互相关系之故。因此没有把物从空时中抽出来。所以我们可以说中国人始终对于物没有像西洋科学家那样的观念。

但是中国人对于事却是很注重的。须知事只是一次的；倘若一次而即逝去，不复停留，好像水流一去不返的样子，则我们对于事的本身必难有认识。我已经说过，人类的知识，无论是知觉，抑是概念，而总是把不定的化为定；把不住的化为住。因为只有固定的才能把握得住。我们对于事，如其只是流去不返，则必是把握不住。因此人们对于事并不是认识其事的自身，因为其事的本身是在那里逝去不停的。然则我们对于事是怎样把它握住的呢？我以为我们只是把握其"意义"。换言之，即我们对于事只能认识其意义。我们就把事的意义以代表其"事"。于是现在的问题又移到讨论意义上了。

我以为意义必是有所指谓。如云中国乃是指地球上有这样一个独立国家，倘没有这样的国家，则"中国"一名称完全无意义。如云"孔子在陈绝粮"；虽则只是指有孔子这样的一个人，在那个时候曾有那么一回事情，但这回事情的本身却无可复验，不能证实，所以虽则只是"有"，而亦不过只是有而已。我们所以要说"孔子在陈绝粮"，却决不仅仅乎是要说有那么一回事而已。这和说冷水在火炉上即沸，是不同的。因为我们所以要知道冷水置在火炉即沸，不仅是知其已经如此，乃正是为了将来可如此做去而丝毫不爽。而说"孔子在陈绝粮"则我们所以要知道这回事，决不是只为了世界上有那么一回事。乃正是含有另一种意义：即是表示善人虽临危而终能免害；或大人物必先受苦，等等。须知"物"总是属于自然界的。"事"则只限于人事界。在自然界的事不是我们所注意的。所以我们记载历史上的"事"没有一件不含有道德的意义。因此，历史只是伦理学的实例。历史所记的事件都是所谓前言往行。这些前言往行无一不是含有道德上垂训的意义在内。不但史家记载"孔子在陈绝粮"是有所谓的，而即读历史的人们所以要知道有这件事亦是有所谓的。换言之，即史家记载此事是为了此事有一种意义，而读历史的人们要知道此事亦是因为此事有一种意义。总之，事的本身是无法把捉的，而人们所注意的亦只是其意义。

大抵古代的人们注意于历史上的事是从伦理的动机，我们不妨名此为"主观的意义"，因为其中夹有我们希望的成分在内。但后来的人们却渐渐明白历史的事其自身有前因后果自成一个独立的历程，不能随人意变更。于是人们求事件的意义便在其系列上历程上，例如云"盛极必衰""否极泰来""物极必反"等。老子

遂因此创有一种处世法，就是"去泰去甚去奢"，这便是不走到"极"（虽盛而不使其极盛）则必不致趋于其反面（即不极盛自不会衰）。这种法则之发见和科学上的自然法则完全不同。科学法则是由证实而成立的。这个法则却并不以证实而验。但却决不是不验。反而是限灵验的。不过这种效验却和所谓证实不同，因为所谓"极"是不十分确定的。例如中国有流行的俗谚云："善有善报；恶有恶报；不是不报，时候未到。"但时候何时到，却不能预知。到的时候便是到。所以从一方面说，是不灵验，而从他方面说，是很灵验。至于说盛极必衰就是以前一段事为盛，后一段事为衰，而表明其间的必然关连。我们如果以甲事件为盛，则必知其后的另一事便是衰。如果以甲事件为衰，则必知其前的另一事是盛。如果把其前与其后完全抽除了，使甲事件变为孤立的，则甲事件便成为毫无意义的了。所以一事件的意义只在其历程的前后关系上。我们姑妄名此为"客观的意义"。因为是属于一个事件上前后的关系而并不完全关于我们对它的希望。我亦明知道此处所用的"主观的"与"客观的"二名词仍是采用通行的意义，严格讲来，并不甚切。希望读者千万不要误会。

总之，我们对于"事"亦是把它化为固定的，而后方能把握它。如何化为固定呢？乃是在一个长流中划成若干小段，每一个小段便成了一个单位，但每个单位不是孤立的，必须与其前后相连贯。因为事的本身是不能重复；而其前后相连上的"关系方式"，换言之，即其互相关系的样式，却可以移用到别的地方。所以对于事依然是和对于物一样，都必须籀为公式，方能有所对付与认识。不然我们还是无办法的。对于物，我们用实验法去试探，用证实以证明，其结果乃是造成"因果法则"，必须如此方能对付它解释它。对于事亦然，我们亦是从拉长了看，以观其前后的变迁，其结果到得一个所谓"辩证法则"（dialectic law），必如此方能对于一件事求得其意义。

　　我们于是便有两个基本概念：一个是因果；一个是辩证。这两个基本概念所推演出来的文化亦自不相同。详言之，即人类用"因果"这个范畴以发掘自然界内"物"的秘密。（因为从表面上看，自然界是不甚齐一的；经发掘以后，才发见同因必产同果的齐一性，而可屡试不爽。）同时人类用"辩证"这个范畴以窥探人事界内"事"的涵义。这些都是人类为了对付外界的物与人事的事而设的。

　　但我们切不可以为外界确如实地有"物"与"事"。且以为这二者是天然的根本分别，或天然不同的两个种类，须知这二者乃都是我们人类对于外界的对付与解释之态度。最近新物理学发生了，把自然法则改为"统计法则"（statistical law）以后，物与事之间的沟隙，已经填平了，打通了。把物之齐一性只视为"平均现象"（average phenomena）。关于此点非此处所欲详论，请参看 Eddington，*The Nature of the Physical World* P.244.

　　因此我们知道这只是两种对付与解释的态度。对于同一的对象，我们可依其方面各取一种态度，或因便利而决定采取此两种态度中之一种，或同时采取两种。大概是我们对付在我们以外不同种类的东西，自须取其平均现象便够了。而若对付我们自己范围以内的同等人物，则不能不注重其"个体行为"（individual behavior）。所以物只限于无机界，事则只限于社会界。不过我们须知这两种并不是完全不相冲突的。如果把它们当作"观点"，从这个观点作中心以观察一切，则都可演为一套理论在文化上完全不相同。所以有人论到这些地方总是从评价上着眼，以为因果律的科学文明是好；反之有人以为辩证律的历史哲学是更为真理。我则以为这只两种不同的观点所由演成的两种不同文化。其间并无优劣可言；正亦不必作比较的评价。

　　中国根本上没有因果观点的科学文化，但却确有辩证观点的史观文化。平心论之，西洋在古代亦未尝不有后一种观点。因为前一种是由"实验"（experiment）而出的；后一种则是诉诸"经验"

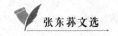

（即阅历）便可成立。所以后一种比较上容易些。不过一个民族苟其历史愈长，则其对于史观上的变迁公式更容易有所发见。一个民族倘能根据其所发见的这些历史公例以对付一切而竟能绰乎有余，则这个民族决不会感觉另辟新文化的必要。中国之所以没有科学乃是由于中国人从历史上得来的知识甚为丰富，足以使其应付一切，以致使其不会自动地另发起一种新的观点，用补不足。中国人不是没有学习科学的能力。近数十年来科学传入以后，中国人对于科学上的贡献足证中国人的头脑绝对不比西方人来得弱；反而乃是非常适宜于科学精神。可见因为文化的不同之故，而绝对不由于人种的品质。换言之，就是由于中国自有其固有的一套文化。而在这一套文化上，中国人不必更换观点即能应付其环境，则便不生有创新的需要。所以外国学者批评中国文化有自足性，想来就是因为如此。至于西方则不然。科学的产生虽不是偶然的，然而科学却始终在斗争中而滋长，所以西方文化是一个内部有冲突的文化。而冲突的发动力就是科学。有人说西方的全部文化史只是科学与宗教的冲突史。我以为从"信仰""神异"方面讲宗教只是看到其一端而已，其实宗教只是古代人群传下来包有思想，知识，见解，态度等等在内的文化之总称。所以宗教总是代表"传统的态度"。而科学却是新起的态度。于是二者不断地起了争执。乃因为传下来的决不能尽行抛弃，而新出来的却对于实际生活有其确实效力。这个不断的冲突中乃有"哲学"。西方的哲学和中国人的哲学在此处很不相同，大部分的西洋哲学专是为了调解这个传统思想与新兴思想之争而始起的，不是对于传统的说几句"回护"（defence）的话，就是从他们的冲突处加以分析，使其各得领域而相安无事。老实说，哲学（西方的）在文化上的贡献并不居于第一位。不过因为要调解，要调停，便不能不十二分崇尚"分析"。因为非用分析不能得调解，其提倡分析的功劳却是哲学唯一独有的贡献。故分析的方法，把逻辑弄得极精密，这乃是哲学的功劳。在此等处上，中国哲学只可名为中国思想，不能称为"哲学"，因为和西洋哲学的性质很不相同，详言之，即中国哲学本身并不是为了调解传统与新兴之争而始发展的。西方的情形是文化上愈有冲突，哲学反而愈得发展。中国的情形不然，中国哲学上亦有争论，例如《荀子》上的《非十二子篇》；《墨子》上的《非儒篇》，这只是理论上的冲突，而不是因为文化上已起了矛盾而始有的。西方即在希腊时代，文代上亦早就有冲突。故西方有一个自身（即内部）常在那里起冲突的文化作哲学的背境。中国在文化背境上并不见有冲突；一切中国哲学家所要对付的问题只是文化的"解纽"（disorganization）。换言之，即是所谓社会解纽。老实说，历史上从没有像中国这样长久的国家。自然其中时时会有文化停滞或下隳的现象。中国哲学家提出一个理想不外乎想把这样的下隳趋势加以挽回。所以中国哲学家都是对于事实（即实际情形）而争；不像西方是调停于两种势力之间的。因为西方文化常自冲突，所以容易有进步。中国的文化被人称为静止的文化，想来必是因为此故。在西方是科学家的贡献大于哲学家；（西方科学家能变更人们实际生活；哲学家只能改良人们的思考态度。）而在中国却是哲学的贡献很大。因为中国思想注重于人事与历史，如果有一种历史哲学出现，发明历史演变的新公式，则必可把社会重新振作起来。因此在对物的观点上科学是主，哲学只能担任另外的辅佐职务，而在对事的观点上主要的任务却由哲学来担负。所以这两种不同的思想文化其关于哲学的地位是不同的。即以俄国而言……今天的俄国可以说是一个最崇尚哲学的国家。至于哲学是否真能为人类造福，那不是一个可以笼统回答的问题了。

再就泛论哲学而言，哲学的出发点与内容有下列的几种：

有以知识问题为出发点的；

有以宇宙观为内容的；

有以人生价值与道德问题为出发点的；

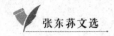

有以历史公式为目标的；

有以政治与社会理论为内容的。

而在中国则因为没有宗教与科学之争，所以哲学的任务不会是知识问题。须知知识问题是由理性与信仰之争以及二者如何安排之问题而始逼迫出来的。其解决方法必须用分析。所以拿知识问题为目标，以分析为方法，这是西方哲学的特征。中国哲学则除了知识论方面以外，其余亦都涉及。不过有一点比较特别的地方是：以宇宙观与历史公式打成一片。因为中国哲学向来是以宇宙观紧接伦理学，所以可以一转而变为把宇宙观直接与历史哲学相连。中国的宇宙观是见于《易经》。而历史哲学则以《春秋》为基础。汉朝的所谓"阴阳家"总是把《易》与《春秋》打成一片来讲。董仲舒的《春秋繁露》与班固的《白虎通》便是很好的例。至于《淮南子》虽偏于《易》，而亦是用以说明人事。相传此类学说始《于驺》衍。我们从《吕氏春秋》上看来，似为当时一班倾向，并非一人一派之说。于是后来乃有所谓"五德""三统""三世"等等主张，就中三世说，即所谓据乱世，升平世，太平世者，此种公羊家学说正与西洋历史哲学上公式所谓正反合者同其性质。此外所谓"礼运"与"大同"亦与此有密切关联。可见中国哲学中这一方面乃是很发达的。

总之，中国哲学中是确有所谓历史哲学。不过不完全是从历史上抽出公例公式来，乃是以宇宙的构造作反映而说明之。这样以宇宙的变化来比拟人事的变化则必须把宇宙亦视为"职能"（function）的配合与交替。所以是职能论的宇宙观而与西洋人重视"构造"（structure）的思想态度颇有不同。因为必须如此方能与社会上各人的地位分配相当，与历史上各时代所负的任命相当，同时使历史上各时代之间得有一个相当的分配与交替的关联。这样便形成了所谓历史哲学。

　　但须知这样历史哲学其本身乃只是一个政治理论。其目的不仅是说明以往历史上的情形，乃尤其注重于藉此以预知将来的变化。不但从客观的见地上用以预知将来，并且是要使将来的变化得合乎所要求的。从这一点上而言，这一套历史哲学的理论在本身上正是潘兰陀（Pareto）所谓的"derivature"。换言之，即是等于符咒或催眠的口号一类的东西。不过在理论方面而已。其能有效亦和催眠而真能把人催眠一样。从一方面说，是骗人，而从他方面说，却确实见效，故确又不是骗人。实际上人类所制造的理论系统大部分就是这样一个东西。人类却一天不能缺少这样的东西。没有它简直生活不下去。这种理论的力量不但可以驱使一个人去自己寻死，并且可以驱使一群人都去死。只须理论与其他文化方面相配合而为一个时代之所需要便能发生这种不可思议的力量。我们明白了历史哲学只是文化上所要求的理论力量，则便可对于中西哲学上史观的不同不必从其本身评定优劣，而只须从文化环境与时代要求上看它们的所以不同就够了。